U0840335

中国文化知识读本
ZHONGGUO WENHUA ZHISHI DUBEN

生肖文化

金开诚◎主编　臧笑飞◎编著

吉林出版集团有限责任公司
吉林文史出版社

图书在版编目（CIP）数据

生肖文化 / 臧笑飞编著 . 一长春：吉林出版集团有限责任公司：吉林文史出版社，2010.7（2022.1 重印）
（中国文化知识读本）
ISBN 978-7-5463-3384-7

Ⅰ . ①生… Ⅱ . ①臧… Ⅲ . ①十二生肖 - 文化 - 中国
Ⅳ . ① K892.21

中国版本图书馆 CIP 数据核字（2010）第 132702 号

生肖文化

SHENGXIAO WENHUA

主编/ 金开诚 编著/臧笑飞
项目负责/崔博华 责任编辑/曹恒 崔博华
责任校对/袁一鸣 装帧设计/曹恒
出版发行/吉林文史出版社 吉林出版集团有限责任公司
地址/长春市人民大街4646号 邮编/130021
电话/0431-86037503 传真/0431-86037589
印刷 / 三河市金兆印刷装订有限公司
版次 /2010 年 7 月第 1 版 2022 年 1 月第 15 次印刷
开本/650mm×960mm 1/16
印张/8 字数/30千
书号/ISBN 978-7-5463-3384-7
定价/34.80元

《中国文化知识读本》编委会

关于《中国文化知识读本》

文化是一种社会现象，是人类物质文明和精神文明有机融合的产物；同时又是一种历史现象，是社会的历史沉积。当今世界，随着经济全球化进程的加快，人们也越来越重视本民族的文化。我们只有加强对本民族文化的继承和创新，才能更好地弘扬民族精神，增强民族凝聚力。历史经验告诉我们，任何一个民族要想屹立于世界民族之林，必须具有自尊、自信、自强的民族意识。文化是维系一个民族生存和发展的强大动力。一个民族的存在依赖文化，文化的解体就是一个民族的消亡。

随着我国综合国力的日益强大，广大民众对重塑民族自尊心和自豪感的愿望日益迫切。作为民族大家庭中的一员，将源远流长、博大精深的中国文化继承并传播给广大群众，特别是青年一代，是我们出版人义不容辞的责任。

《中国文化知识读本》是由吉林出版集团有限责任公司和吉林文史出版社组织国内知名专家学者编写的一套旨在传播中华五千年优秀传统文化，提高全民文化修养的大型知识读本。该书在深入挖掘和整理中华优秀传统文化成果的同时，结合社会发展，注入了时代精神。书中优美生动的文字、简明通俗的语言、图文并茂的形式，把中国文化中的物态文化、制度文化、行为文化、精神文化等知识要点全面展示给读者。点点滴滴的文化知识仿佛繁星，组成了灿烂辉煌的中国文化的天穹。

希望本书能为弘扬中华五千年优秀传统文化、增强各民族团结、构建社会主义和谐社会尽一份绵薄之力，也坚信我们的中华民族一定能够早日实现伟大复兴！

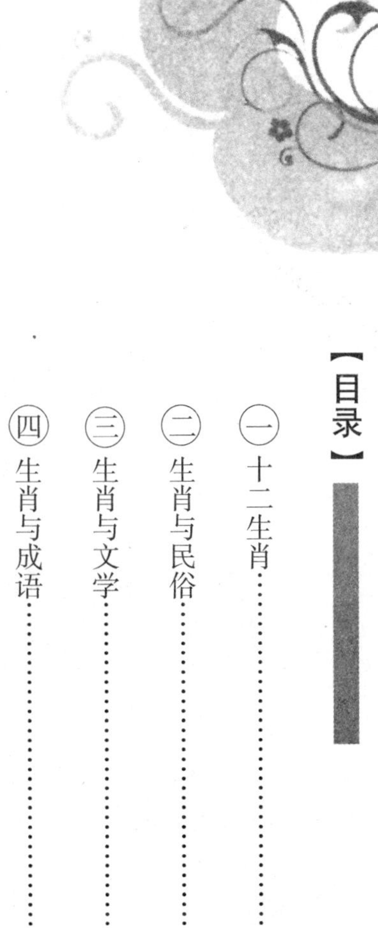

【目录】

十二生肖

气韵生动、形神兼备的老鼠

（一）什么是生肖

什么是生肖？生指出生年，肖是肖似。生肖又称属相，相是面相，属相即面相何属。所肖或所属则是十二种动物，它们依次为：鼠、牛、虎、兔、龙、蛇、马、羊、猴、鸡、狗、猪；配上十二地支，便可成为子鼠、丑牛、寅虎、卯兔、辰龙、巳蛇、午马、未羊、申猴、酉鸡、戌狗、亥猪。此即所谓生肖或属相。每个人都可以按自己的出生年份找到自己的生肖或属相。

十二生肖不仅汉族有，少数民族也有。甚至有人认为汉族的生肖纪年源于北方少数民族。事实上，生肖绝非汉民族专有，直到今天，各兄弟民族都流传着自己的生肖，如蒙古族是虎、兔、龙、蛇、马、羊、猴、鸡、狗、猪、鼠、牛；傣族是鼠、牛、虎、兔、龙、蛇、马、羊、猴、鸡、狗、象，黎族是鸡、狗、猪、鼠、牛、虎、兔、龙、蛇、马、羊、猴……与汉族的十二生肖大同小异。这里面很难说究竟谁先谁后，很可能是各民族文化的交流与融合孕育了十二生肖。

生肖不仅中国有，外国也有，如缅甸有八大生肖，从星期一到星期日，不同日子出生的人分属虎、狮子、双牙象和无牙象、老鼠、天竺鼠、龙、妙翅鸟。法国也

性情憨厚的牛

猛虎下山

有十二生肖，不过它们是天上的十二个星座，从一月到十二月，分别为摩羯、宝瓶、双鱼、白羊、金牛、双子、巨蟹、狮子、室女、天秤、天蝎、人马。其中除宝瓶和天秤外，都以动物命名。埃及和希腊有十二兽历，它们是牡牛、山羊、狮、驴、蟹、蛇、犬、猫、鳄、红鹤、猿、鹰。印度的十二生肖，与中国十分相似。据印度神话《阿婆缚纱》记，十二生肖原为十二个神的驾兽，招杜罗神的驾兽为鼠，毗羯罗神的为牛，宫毗罗神的为狮，伐折罗神的为兔，迷立罗神的为龙，安底罗神的为蛇，安弥罗神的为马，珊底罗神的为羊，因达罗神的为猴，波夷罗神的为金翅鸟，魔虎罗神的为狗，和真罗神的为猪。除狮子和金翅鸟外，诸种动物及其排列顺序与中国十二生肖相同，无怪乎佛教典籍要将中国生肖之源溯于佛祖了。所以，生肖这种文化现象并非哪个民族独有，而是人类文明进程中具有普遍性的产物，是人类对时间及其与自身关系所作的诗意而又充满神秘色彩的梳理。

正因为如此，生肖成为许多国家及民族文化的重要组成部分，在中国，生肖的存在更有着不容忽视的意义。围绕着十二生肖，人们编织出许许多多动人的故事，生发出形形色色的习俗，并从中窥探自身的奥秘与命运。为此，生肖在各个民族、各个时代都受到了普遍的喜爱与重视。

性情温顺的兔

（二）生肖为何取数十二

生肖之所以取数十二，是源于中国古代的干支纪年法。这些年，考古学者在湖北神农架地区发现了汉族创世史诗《黑暗传》。其中有一个故事是讲述干支来历的："开天辟地之初，玄黄骑着混沌兽遨游，遇到女娲。女娲身边有两个肉包，大肉包里有十个男子，小肉包里有十二个女子。玄黄说：'这是天干地支神，来治理乾坤的。'于是，为他们分别取名，配夫妻，成阴阳。男的统称天干，女的则为地支。"这一创世神

我国古代传说中的神异动物——龙

话故事，讲干支，讲玄黄神、女娲神，讲乾坤阴阳，将干支的“身世”推溯得十分久远。此后，古人开始以天干地支纪年；天干即甲乙丙丁戊己庚辛壬癸，地支即子丑寅卯辰巳午未申酉戌亥。十天干与十二地支相配，成为一个甲子。一个甲子为六十年。其间又以十二年为一周期，用地支来表示，附以动物，即成为鼠年、牛年、虎年、兔年、龙年、蛇年、马年、羊年、猴年、鸡年、狗年、猪年，从而有了十二生肖。

其实，十二生肖的产生，是有着深刻的天文学背景的。在原始时代，先民们体验着寒暑交替的循环往复。宋代洪皓《松漠纪闻》载：“女真旧绝小，正朔所不及，其民皆不知纪年，问则曰‘我见青草几度矣’，盖以草一青为一岁也。”宋代孟珙《蒙鞑备录》也记载：“其俗每草青为一岁，有人问其岁，则曰几草矣。”当年又有观察天象的人发现月亮的盈亏周期可以用来测量年岁的长短，而且是十二次月圆为一岁，这一重大发现，是华夏民族早期在天文历法上最精确的成果之一，于是“十二”就被看作传达天意的“天之大数”。但是天干需要地支为伴，这样日月相对，天地相对，就非“十二”莫属了。

（三）十二生肖为何如此排列

关于十二生肖的排列顺序，有各种传说。

一种传说是：

轩辕黄帝要选十二个动物担任宫廷侍卫。猫托老鼠报名，老鼠给忘了，结果猫没有选上，从此跟老鼠结为冤家。大象也来报名，被老鼠钻进鼻子给赶跑了。剩下的动物，原本推牛居首位，老鼠却窜到了牛背上，猪跟着起哄，这样老鼠排第一，猪排在最后。虎和龙不服，被封为山中之王和海中之王，排在鼠和牛的后面。兔子又不服，和龙赛跑，结果排在了龙的前面。

传说猫因老鼠忘记给自己报名选官而与其结仇

狗又不平，一气之下咬了兔子，为此被罚在了倒数第二。蛇、马、羊、猴、鸡也经过一番较量，一一排定了位置，最后形成了鼠、牛、虎、兔、龙、蛇、马、羊、猴、鸡、狗、猪的顺序。

另一种传说是：

鼠：传说天地成于子时，因其初成，没有缝隙，里面的气体跑不出来，物质无法利用。老鼠是损耗器物的小兽，深夜是它最活跃的时刻。初成的天地被它一咬，密封着的气体就漏了出来，物质就可以利用了。因为老鼠有这种打开天地的神通，子时就属鼠了。

牛：老鼠打开了天地，那么，谁来开

牛是最早用来耕耘大地的家畜

辟无垠的大地呢？据说牛是最早耕耘大地的家畜，循序推理，丑时就属牛了。

虎：传说“人生于寅”，有生就有杀。杀人者，老虎也。“寅”字还可以解作敬畏，敬畏就是害怕。人又害怕老虎，所以寅时就属虎了。

兔：早晨五六点钟，太阳快要离开黑夜，而进入黎明，但毕竟还是在“太阴”（即月球）控制的时间里。而月球中唯一的动物，传说就是“玉兔”，因此卯时也就属兔了。

传说兔子是月球上唯一的动物

龙：“三日之卦”说，早上七八点钟，正是群龙行雨的时候，这对庄稼来说是及时雨，所以辰时就属龙了。

蛇：“四月之卦”说，春草至此深而茂，蛇利用春草来掩护其身体，而且据说在此时蛇不会在人走的路上出现，这样就更不会伤人了，所以巳时就属蛇了。

马：午时，阳气到了极限，而阴气刚欲产生。马能行千里，但跑时脚不完全离地，所以是属“阳”类动物，于是午时就属马了。

羊：传说未时的青草被羊吃了以后，草根的再生能力会愈来愈强，所以未时就属羊了。

猴：申时，夜幕即将来临，猿猴要叫了。

树枝上的猿猴

又“申”，即“伸”字。猴子最喜欢伸臂跳跃，伸臂次数多了，就有“乱”和“横行”的意思在内，特征这样清楚，申时就属猴了。

鸡：酉时，正是月出之时。“月本坎体”（坎，卦名。坎上坎下，其象为水——月亮清澄如水），而体内含有“太阳金鸡”的传说，所以酉时就属鸡了。

狗：戌时是“夜”的开始，狗是守夜的家畜，其功莫大，所以戌时就属狗了。

猪：晚上九十点钟，天地最混沌之时，虽其中蕴藏着能养育万物的机能，但这是以后的事，亥时毕竟是一段模模糊糊、含含混混的时刻，所以亥时就属猪了。

第三种传说是按中国人信阴阳的观念，将十二种动物分为阴阳两类，动物的阴与阳是按动物足趾的奇偶参差排定的。动物的前后左右足趾数一般是相同的，而鼠独是前足四，后足五，奇偶同体，物以稀为贵，当然排在第一，其后是牛，四趾（偶）；虎，五趾（奇）；兔，四趾（偶）；龙，五趾（奇）；蛇，无趾（同偶），马，一趾（奇）；羊，四趾（偶）；猴，五趾（奇）；鸡，四趾（偶）；狗，五趾（奇）；猪，四趾（偶）。持这种说法的是宋人洪巽，明代学者郎瑛在此基础上进行了归类，在其所著的《七修类稿·十二生肖》中提出“地支在下”，因此别阴阳当看足趾数目。鼠前是四爪，偶数为阴，后足五爪，奇数为阳。子时的前半部分为昨夜之阴，后半部分为今日之阳，正好用鼠来象征子。牛、羊、猪蹄分，鸡四爪，再加上兔缺唇且四爪，蛇舌分，六者均应合偶数，属阴，占了六项地支。虎、龙五爪，猴、狗也五爪，马蹄圆而不分，五者均为奇数，属阳，连同属阳的鼠，占了另外六项地支。郎瑛的归类法，是借洪巽的分类法，二者大同小异。

有传说认为，老鼠因足趾奇偶同体而被尊为生肖首位

以上三种传说分别从不同角度来解释生肖的排列，民间有关生肖动物排列

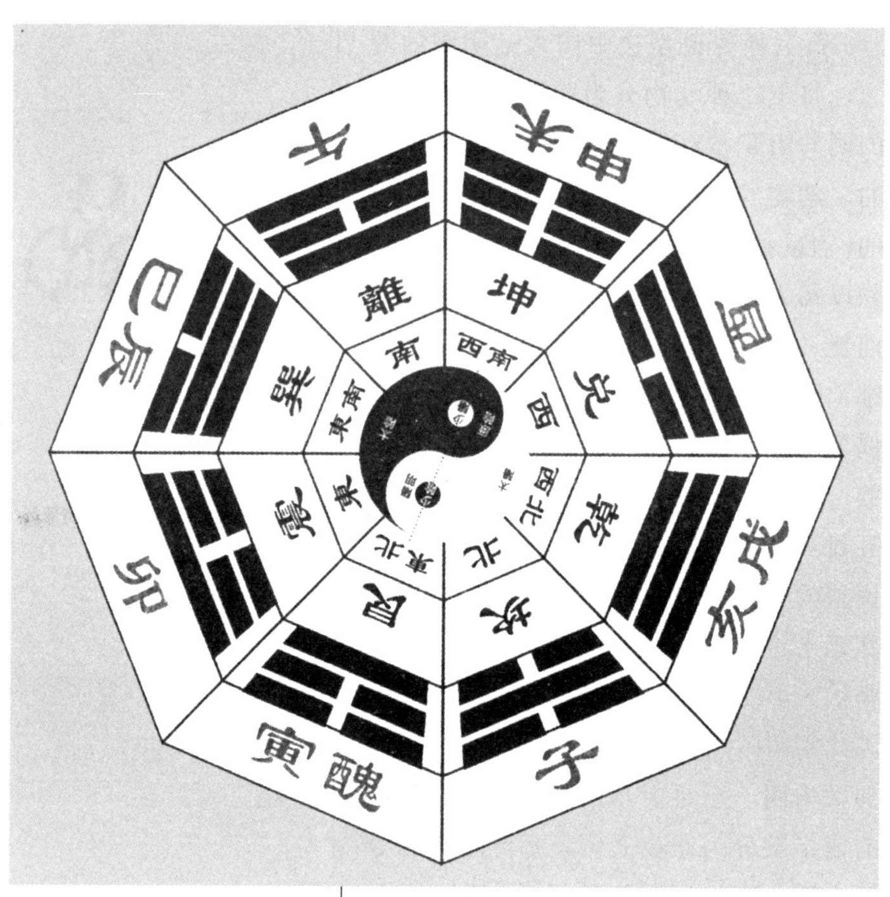

阴阳八卦图

的传说故事非常丰富，这些传说故事的流传一方面丰富了生肖的内容，另一方面又促进了生肖文化的传承与发展。将十二种生肖动物分为阴阳两类，将其纳入中国人五行信仰的观念之中，目的是将属相与仪礼相关连，将阴阳、五行与生肖对应起来，从而解释其他有关的文化现象。

二 生肖与民俗

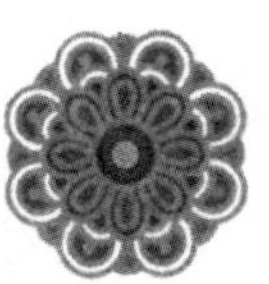

“老鼠嫁女”剪纸

生肖与民俗的关系是十分密切的，更确切地说，生肖是民俗的一个重要组成部分，而生肖的文化意义也就表现在民间流传的各种各样的风俗习惯之中。以下就是各地和各个历史时期民俗中的生肖文化。

（一）鼠

江浙一带，正月二十五这一天被看作“打老鼠眼”的日子。到了这天，每家每户都会在自家房间里撒上许多黑豆打老鼠眼，据说这样做就可以消除老鼠的隐患。

青海一些地区有“蒸瞎老鼠”的风俗。每年农历正月十四，每家每户都要用面捏成十二只瞎老鼠，然后上蒸屉蒸熟，等到元宵节的时候供奉在桌子上。此外还要点灯烧香，在心里祈求老鼠只吃草根，不要伤害庄稼，这样才能保证当年粮食丰收。

湖北江汉平原一带将小初夜看作老鼠嫁女的日子。到了那一天，人们都会把做好的面饼放在暗处，在上面插上花，禁止舂米、磨面，并且还禁止小孩喧闹叫喊，因为如果这一天把老鼠惊动了，老鼠就会一年到头不停地捣乱。

旧时上海一带有躲“老鼠落空”的习

桃花坞年画《老鼠嫁女图》

俗。老鼠外出寻找食物的时候，不小心失足落地，被称为“老鼠落空”。据说见到这一景象的人会不吉利，非病即灾，必须马上沿街乞讨白米，回家用它来煮饭，吃完这顿饭就可以除去晦气。

东北地区的朝鲜族有“熏鼠火”的习俗。每年的农历正月初一，孩子们会在田野里撒上稻草，然后将稻草点燃，据说可以根据火势的大小预测当年收成的好坏。

历史上曾经有过老鼠嫁女的节日，一般在正月二十五晚上。当天晚上每家每户都要熄灯，全家人静静地坐在堂屋炕头上，

相传农历正月初五是牛的节日

摸黑吃用面做的“老鼠爪爪”“蝎子尾巴”和炒大豆，大家都不许发出声响，以便给老鼠嫁女提供方便，否则就会得罪老鼠家族，给一年带来隐患。江南一带在老鼠嫁女的前夕，家家户户炒芝麻糖或爆米花。夜晚，孩子们将糖果、糕饼、米花等置于老鼠出入的暗处，然后大敲锅盖、铁簸箕之类，为老鼠“催妆”。

（二）牛

相传农历正月初五是牛的生日，俗称牛日。这一天，人们根据天气的阴晴预卜当年养牛之兴衰：晴主育，阴主灾。并且当日对牛不施鞭刑，禁止屠宰，有些地方还用大米饭喂牛，在牛王庙焚香、唱大戏，在给牛贺岁的同时人们也可以娱乐一番。

我国少数民族有慰问耕牛的习俗，被称为“献牛王”。贵州的荔枝、安龙、罗甸、册享等地的布依族，在农历四月初八为牛贺岁。在那天，人们会让牛休息一天，用糯米饭喂牛，敬献牛王。仡佬族的牛王节也称“牛神节”“祭牛王节”“敬牛王菩萨节”，流行于贵州遵义、仁怀、镇宁一带，每年农历十月一日举行。那一天，人们不再让耕牛做苦力，并用上好的糯米做两个糍粑，挂到牛角上，然后把牛牵到水边照镜子，用这种方式为牛祝寿。

仡佬族“牛王节”

浙江一带流行以健牛犊为陪嫁品的婚俗。送亲之前，挑选一头健牛犊，披红挂彩，等新娘一上轿，新郎就牵着牛在最前面踏路开道，以求驱灾避邪，平安吉祥。

汉民族寿诞风俗中有赶牛王会，流行于陕西留坝县等地。“牛王会”是为老人做寿的称谓，因牛在十二属相中位居前列，而且耕田犁地，有功于人，故以牛为名给老人做寿，表示尊敬。贺寿者在老人生日的前一天下午，携带礼品到老人家中祝贺。老人则用丰盛的饭菜招待来宾并逐个劝酒，从晚间开始进行各种娱乐活动，直至

农历四月初八是布依族的传统节日“牛王节”

第二天才结束。

汉民族交际风俗中有“结牛财亲”一说，流行于湖南一带。在当地，一头牛几户共用的称为结牛财亲，并视作亲戚，牛的所有权一旦易人，“亲戚”关系也到此结束。

贵州榕江、东江一带的侗族民间习俗中有“洗牛节”，一般在夏历六月初六举行。这个时候春耕已经结束，人们把牛牵到河边洗澡，并在牛栏旁插几根鸡毛和鸭毛，表示为牛洗尘，祈祷耕牛平安健壮。

旧时佤族的占卜方式中有牛肝卦，流行于云南佤县一带。即看牛肝的外观来卜吉凶，若牛肝大块与小块之间不粘连，为吉卦，粘连者为凶卦，一般在举行重大祭祀活动时使用，以小黄牛肝为最好。

人们在观看斗牛

汉民族有“牛灯”的演唱形式，流行于四川省。因其舞具为牛形，演唱时用“灯调”而得名，一般在春节时表演。

苗、侗、黎等少数民族有斗牛的传统体育活动，流行于广西、贵州、海南等地，通常在节日举行，方式是两头牛相斗，而不是象西方那样人与牛相斗。

（三）虎

旧时仡佬族有虎日节，流行于广西隆林一带，在每年夏历八月十五前的第一个虎日举行。届时，以寨为单位合伙杀一头公牛，取出牛头、牛心，加以分割，每家一份，供各家八月十五晚祭祖之用，其余的牛肉举行会餐，余下的再分回家。

中国古代道教中有白虎神，它是道教的守护神，原为古代星宿名，二十八星宿中的西方七宿，因其呈虎形位于西方，按五行配五色，故以此得名。它也是四方神之一，有“前朱雀，后玄武，左青龙，右白虎”的说法。

陕西地区流行“挂老虎馍”的婚姻风俗。迎亲前，男方的舅家蒸一对老虎馍。公老虎馍的头上有一个王字，表示男子要当家为王，母老虎馍的额中有一对飞鸟，表示妻随夫飞。每个老虎脖子前还有一只小老虎，意为祝新人早生贵子。迎亲时，把一对老虎馍用红头绳拴在一起，新娘一到，便将老虎馍挂在她的脖子上，进门后取下由新郎、新娘分食，表示两人百年好合。

上海崇明岛一带流行新娘着虎头鞋的婚俗。女子出嫁时，一定要穿一双虎头鞋，表示凭借虎的威势，过门后要制伏丈夫。

虎头鞋

虎与汉民族许多育儿风俗有关，如穿虎头鞋，就是一种祈求小孩健康的习俗。虎头鞋用黄布精心制作而成，鞋头上绣一虎头，中间绣一王字。通常是小孩过生日或周岁时，父母为其穿上虎头鞋，可以壮胆避邪，长命百岁。

穿虎头鞋是一种祈求小孩健康的习俗

陕西省等地流行送布老虎的育儿风俗。小孩子做满月时，舅家要送去一只黄布做的老虎，进大门时，则将老虎尾巴折断一节，丢在门外。送布老虎是祝愿小孩长大后像老虎那样彪悍有力；折断尾巴，则是希望小孩在成长过程中化灾免难。

汉族民间有在端午节佩茧虎的风俗。取黄色新茧，彩绘成老虎形象；或用色纸、艾叶剪贴成虎形。据说在端午节佩戴可以祛邪消灾。

各民族风俗中有不少关于虎的禁忌。如忌虎年，因为虎是凶猛的动物，会给人带来灾害，因此有“虎年不顺”的说法。又如忌虎日，民俗认为属蛇、虎、猪的人忌虎日。

（四）兔

古代汉族有“挂兔头”的习俗，流行于全国许多地区。每年农历正月初一，人们用面兔头或面蛇，以竹筒盛雪水，与年

汉民族有赠兔画的育儿风俗

幡面具同挂门额上，用来镇邪禳灾。

汉民族有赠兔画的育儿风俗。画中有六个孩子围着一张桌子，桌上站一个人手持兔子的吉祥图，祝受赠的孩子将来生活幸福快乐，步步高升。

山东一些地区渔民有“兔塞怀”的习俗，每年谷雨清明，妻子等丈夫一进屋，就出其不意地把一只白兔塞到丈夫怀里，这样就表示丈夫怀揣了吉祥、幸福，以保佑出海平安，捕鱼丰收。

古代汉族有生育忌兔的习俗，因为兔子是三瓣嘴，所以孕妇妊娠时禁止食用兔肉，否则可能会生下一个豁嘴儿。

还有一些兔子属相日的禁忌，如属兔者忌马日、鸡日，属鸡者、虎者忌兔日，等等。

（五）龙

民间有“龙挂”的说法。每当雷起云涌时，便窥云中龙的动作，如见云中有龙尾下垂，蜿蜒而伸，指向雨的一方，就会下雨。北方人喜欢见龙挂，因此，就展开了许多民俗活动，如龙祠、祈雨等等。

汉族以农历二月二日为龙日。流行于南北各地，俗称“龙抬头”。乡民们将煤灰从大门外一直撒到厨房，旋绕水缸，呼为“引龙回”。当日早晨，妇女用棍敲锅沿，谓“震虫”，并以草节、彩纸、细秫秸穿成串悬于房梁。当日食饼谓龙鳞饼，食菜团谓龙蛋，食面谓龙须面。当日人们不可做针线，以防伤龙目。

云南地区汉族民间婚姻中有赠龙凤饼的风俗。男方收到女方的嫁妆后，赠女方以龙凤饼。饼用面粉做成，上塑龙凤各一，有龙凤呈祥之意。送饼的数量以嫁妆多少而定，如女方嫁妆有两套被褥，男方则回赠一对龙凤饼。

二月二，龙抬头

与龙有关的节庆活动还有赛龙舟、闹龙灯。相传屈原在五月初五投江后，人们争相乘舟前去捞救，从此传下端午节赛龙舟的习俗，延续至今。闹龙灯约起源于汉朝，人们把龙视为降害驱灾、吉祥太平的象征，因此多在喜庆的日子舞龙，以祈求神龙保佑。

汉族及一些少数民族有忌龙年的习俗，怕龙发威，给人间带来伤害。有些地方忌水桶碰着井沿，怕碰伤龙头；忌推磨，怕压了龙头；忌喝糊糊饭、疙瘩汤，怕糊住龙眼等。此外还有龙日禁忌，属龙者忌鼠日、牛日、鸡日，属牛、属鸡、属猴者忌龙日。

我国各地都流行舞龙，又叫龙灯舞、龙舞。舞龙起源于祭神、娱神，后逐步发

展为文艺活动。相传龙能呼风唤雨，在汉代就有舞龙祈雨之俗。祈雨时，春舞青龙，秋舞白龙，冬舞黑龙。舞者为儿童，先要吃斋三天然后穿青衣舞龙。起舞时，锣鼓伴奏，爆竹齐鸣，场面十分热闹，每舞一场均有名号，如“二龙戏珠”“二龙出水”“百龙出洞”“穿越龙桥”“黄龙过江”“打草惊蛇”“金龙倒海”“引龙翻江”“海底捞月”等等。

舞龙

古代帝王服饰，因绣有龙纹，故称龙袍。在清代一般绣九条金龙，但从正面背面看都是五条金龙，合“九五之尊”的帝王称号。袍的下端，排列着许多弯曲线条，名“水脚”。水脚上绣水浪，称“海水江涯”。表示一统江山及连绵不断等意思。

（六）蛇

今天的河南开封在宋代时有钉面蛇的风俗。每年农历正月初一，人们就用面粉做成蛇形，在四更时，让三个不同姓氏的人把它与炒熟的黑豆和煮熟的鸡蛋一起埋在地下，并逐一用铁钉各钉三下。咒曰：“蛇行则病行，黑豆生则病行，鸡子生则病行。”人们认为这样能镇邪防病，故称钉面蛇。

汉族民间凶兆有“蛇脱皮”一说，流

蛇是一种非常聪明敏捷的动物

行于贵州等地。据说，看见蛇脱皮是一种凶兆，民谚云："见到蛇脱皮，不死脱层皮。"尤其是在春季更为大忌。

农历三月五日为惊蛰节，民谚云："惊蛰有雷鸣，虫蛇多成群。"贵州一带民俗惊蛰日忌雷鸣声，否则当年虫蛇成灾。

闽南一带气候温和湿润，适宜各类蛇繁衍生息。人们认为蛇在野外经常为害，见蛇不打是罪过。但是若在家中发现蛇，年老的人不让打死，只是将其赶出。他们说蛇是来巡视平安的，进了家门就预示着来年平安。要是在路上遇到几条蛇绞在一起，要赶快揪掉身上的一颗纽扣，然后走

民间有蛇日禁忌

开，当做没有看见，因为这是蛇交配，看见了会运气不好。

民间有蛇日禁忌，属虎、属猪者忌蛇日；属蛇者忌虎日、猴日。

汉族民间食品有“蛇婆婆”，亦叫“蛇盘盘”，是山西、陕西一带面食的一种。用发酵的白面盘成蛇状，头部用两粒高粱当眼睛，嘴里含一枚铜钱。钱为财，蛇为绳，取发财致富之意。

（七）马

汉族岁时风俗中有马日，流行于湖北、湖南、河北、浙江等地。在农历正月初六

蒙古族赛马

这一天，人们看天气阴晴占当年养马之兴衰。晴主育，届时人们精心喂马，不打骂，不杀戮，以求养马业兴旺发达。

蒙古族传统节日中有马奶节和赛马节，每年农历八月末举行。当日清晨，牧民们穿上节日服装，骑马赶到指定地点，杀羊宰牛，备奶食，炸果子，燃起牛粪火，煮手扒肉。太阳升起时，开始赛马。参赛的马匹全是2岁小马，象征着繁荣兴旺。赛马毕，人们分别入席饮宴，在马头琴的伴奏下，纵情歌唱，一直到夜色降临，人们才载着余兴纷纷散去。

各民族习俗都有一些关于马的忌日。佤族在九天循环计日的习俗内，第二天、第五天、第六天、第八天忌盖马圈，第八天忌之最盛。九天循环往复，禁忌也按此规律执行。

华夏自古有祭马的民间风俗，流行于全国各地。春祭马祖，夏祭先牧，秋祭马社，冬祭马步。马祖为天驷，是马在天上的星宿；先牧是开始教人牧马的神灵；马社是马厩中的土地神；而马步为马灾害的神灵。

汉族旧时有冻金马驹的风俗，流行于甘肃。每年农历十二月初八清晨，各家都争先起床，去井上或河里担水，再舀出一碗水放在院中，使其凝结成冰，等太阳出来后，将冰和一碗腊八饭一并埋入自家地里，以求来年丰收。

彝族属羊、兔、鸡者忌马日，属马者忌羊日、鸡日。佤族过春节时要喂马糯米饭，并观察马在厩中的姿态以占吉凶。马站立和头朝东方代表幸运年，是吉祥的兆头；马卧睡和眼向西边代表灾难，是不吉利的兆头。

旧时汉族有骑马游乡的风俗，童生举秀才，秀才选为贡生，要举行冠戴仪式。冠戴者由主祭官、祭官、赞礼陪同至祠堂谒祖后，骑马游乡。人马都要披红搭绫，鼓乐鸣奏，每至寺庙，入而降香。游行十余里，有的长达几十里，亲朋好友摆香案迎接，向冠戴先生敬酒祝贺。

（八）羊

湖北、浙江、河北等地的节庆日中有羊日，相传此日为羊的生日。当日，人们看天气阴晴占当年养羊业是否兴旺。晴主育，阴主灾。人们祈求上天庇佑羊类的兴旺。

蒙古、哈萨克、塔吉克等民族流行“叼羊”的马上游戏。骑手分为几队，聚集在草原上，把一只羊放在几百米外，一声令下，骑手们便冲上前争夺。也有由

马是人类忠实的伙伴

叼羊比赛

一青年骑手持羊从马队中冲出去，后边的人紧紧跟随，其中有人配合争夺那只羊，也有人保护持羊者，以叼羊到终点者为胜。取得胜利的人，把羊烤熟，与大家共同分享。

旧时汉族民间有“送羊”的岁时风俗，流行于河北南部。每年夏历六月或七月间，外祖父、舅舅给小外甥送羊，早先是送活羊，后来则送面蒸的面羊，以此表示外祖父、舅舅对小外甥的亲近。传说此俗与沉香劈山救母有关。沉香劈山救母后，要砍杀虐待其母的舅舅杨二郎，杨二郎为重修兄妹之好，每年给沉香一对活羊（羊与杨谐音），从而留下了送羊之俗。

塔吉克族手把羊肉

新疆哈萨克族流行“羊头敬客”的风俗。吃饭时，先端上熟羊头，羊的嘴脸朝向客人的位置，主人请客人用刀割羊腮上的肉献给在座的长者，割一块羊耳给在座的幼者，再随意割一块给自己，然后将羊头盘捧还给主人。

全羊是蒙古、哈萨克、柯尔克孜、塔吉克等民族的传统佳肴。上席时，将大块羊肉放入托盘，摆成整羊形状，以羊头献客。

北方各地著名的冬季佳肴有涮羊肉。它历史悠久，涮羊肉选用阉绵羊，用其“小三叉”部位的肉，冷冻后，用刀切成薄片，在火锅中涮食。传说涮羊肉和忽必烈有关。他率军南征，激战后人困马乏，便下令做“清炖羊肉”。此时，正好敌军追来，厨子来不及清炖，便将羊肉切成片，放入开水中搅几下即捞入碗中，撒上调料。忽必烈吃后很是高兴，便赐名为“涮羊肉”。

现在全国各地街头流行吃烤羊肉串，原本是新疆的风味小吃，后传入内地。

民间传统娱乐中，“跳山羊”的活动为广大少年儿童所喜爱。即由一个人两腿伸直，上体向前弯屈成九十度，低头，双手按地或抓住脚颈，如同山羊的样子。另一人或数人手按其背跃过。数人进行时需连续跳几次，跳不过去的，则去代替原来的“山羊”。

（九）猴

台湾高山族传统习俗中有猴祭，是高山族卑南人十二三岁少年入会时禳灾纳吉的传统祭仪，一般在十一月间早稻收成后举行，为期十天，其中第三天杀猴，旨在培养少年的胆量，是祭祀的主要仪式，因此称猴祭。祭前，清扫道路及杀猴圣地。黄昏，身缠芭蕉叶，面涂锅灰，持棒挨家挨户搅扰，表示驱除邪魔。第三天清晨，捉一山猴因于木笼，祭司率少年围绕木笼，以竹竿刺死山猴，抛掷猴尸，以示弃旧图新，然后为猴举行安葬仪式，齐唱猴祭歌。猴祭歌内容包括“祭猴”与“葬猴”两部分，前部分在杀猴仪式上吟唱，后部分在葬猴仪式上吟唱，歌词围绕祭奠猴之亡灵，反复阐述禳灾驱邪的主题。猴祭毕，少年们在人们的监督下轮番登会竹台挽手歌舞，直至祭祀结束，获准入会受训。

高山族传统习俗中有猴祭

汉民族传统认为猴是吉祥动物。由于猴与侯谐音，在许多图画里，猴的形象表示封侯的意思。如一只猴子骑在马上，取“马上封侯”之意。又如一只猴子爬到枫树上挂印，取“封侯挂印”之意；再如两只猴子坐在一棵松树上，或一只猴子骑在另一只的背上，取“辈辈封侯”之意。

汉民族传统认为猴是吉祥动物

民间流传“饥猴年，饿狗年，要吃饱饭是猪年”，认为猴年收成不好，是灾年。所以忌猴年。

（十）鸡

旧称夏历正月初一为鸡日，流行于湖北、湖南、浙江等地。当日，人们看天气阴晴占当年养鸡业是否兴旺，晴主育，阴主灾。此日戒杀鸡，喂鸡也较平时精心以求其繁衍兴旺。

汉族民间有立春日佩戴“迎春公鸡”的习俗，流行于山西北部以及山东一些地区。迎春公鸡又称春鸡，是立春前年轻妇女们用碎布缝制的配饰物，挂在孩子身上。春鸡用纸底花布裹棉花，形同菱角，春鸡钉在孩子的左衣袖上，有新春吉祥之意。一般在正月十六到庙会上将布鸡扔掉。

汉族民间时兴在端午节佩鸡心袋，流行于浙江金华地区。五月初五，人们用红布做成小袋子，内装茶叶、米和雄黄粉，形似鸡心，挂在小孩子胸前，以驱邪祈福。“鸡心”与“记性”谐音，民间认为小孩挂了鸡心袋，就会记性好，将来有出息。

古代汉族有“杀鸡”的岁时风俗，流

母鸡孵蛋图

行于浙江金华等地。每年七月初七，牛郎、织女鹊桥相会，所以当地民间杀雄鸡，因为无雄鸡报晓，就能永不分开。

河南一些地区在夏历十月一日要杀鸡吓鬼。传说是阎王爷放鬼，至来年清明节收鬼。民间认为鬼怕鸡血，鸡血避邪，故于十月一日杀鸡吓鬼，以为可使小鬼不敢入阳宅，俗语称：“十月一日，杀小鸡儿。”

山东一些地区有“抱鸡”的婚俗。娶亲时，女方请一个小男孩抱只母鸡，随花轿出发，前往迎亲。图的是吉祥如意，因为鸡与“吉”谐音。

浙江一带流行“宰鸡”的婚姻风俗。新郎前去女家迎娶，女家在地上铺一块白布，让新郎在上面宰鸡，但不准将鸡血溅在布上，否则罚酒，滴几滴血就罚几杯酒。杀鸡时，女家故意撞新郎，有经验的新郎则可应付自如。

旧时汉族和一些少数民族流行饮鸡血酒的风俗。在结拜兄弟时，用刀斩杀一只雄鸡，然后在每碗酒里滴几滴鸡血，对天发誓，然后各饮血酒，即为“歃血为盟”。

斗鸡是我国民间传统的娱乐活动，各地因风俗不同，举行的时间和形式各异。

雄鸡报晓

斗鸡

如河南开封每年农历正月二十二举行，会场大约半亩地，围以四尺高的土墙，参加斗鸡者各抱一只斗鸡，各占一坑，每坑输赢钱数不同，举办者抽份百分之二十。又如广西罗城的人们在秋后或春节期间举行斗鸡。斗鸡场设在空地，人们用两只水桶，一只倒水，一只接水，借以计时。斗鸡的顺序按鸡的斤两从小到大排列。比赛开始，两鸡相斗，一只先退，如果另一只不追逐，则为违例，停止两次则取消比赛资格。如两鸡相斗，一只先退，另一只继续追斗，直到两桶水流完，仍不还击者，为“败笼”。把败笼拿下，留下胜者继续相斗，每斗完一局计一次水，最后得水最多者为胜。

（十一）狗

汉民族岁时风俗中有犬日，在农历正月初二。这一天，人们看天气阴晴占当年养狗是否兴旺，晴主育，阴主灾，届时人们对狗的喂养也较平时精心，以求犬类繁衍和发展。

布依族过年有祭狗的活动。旧时，每年“吃新节”晚上设宴祭祖后，紧接着祭狗，然后家人方可入席就餐。祭狗时家中年长者将“新粮饭”放入狗食盆，边看狗舔食边念祭词，其意是感恩狗在

汉民族岁时风俗中有犬日

天王处给人类带来粮种。此俗源于“寻谷种”神话。传说人类无谷种，选出寻谷者带狗出门寻种，至天王院前求索，天王不允，狗在晒谷场打滚，稻粒附于毛中，躲过天王卫士的检查，给人类带来谷种。

壮族传统节日有“狗肉节”，每年夏历五月初五或二月二十二日举行。相传狗有扬正驱邪之灵，是日为其显灵之日。而吃狗肉能益寿延年，所以狗肉节时每家都会屠狗。

浙江杭州传统食品有“清明狗”。形似小狗，用糯米制成。每年清明日，将其挂在庭中，到立夏日取下，用芥菜花煮熟，

据说吃狗肉能延年益寿

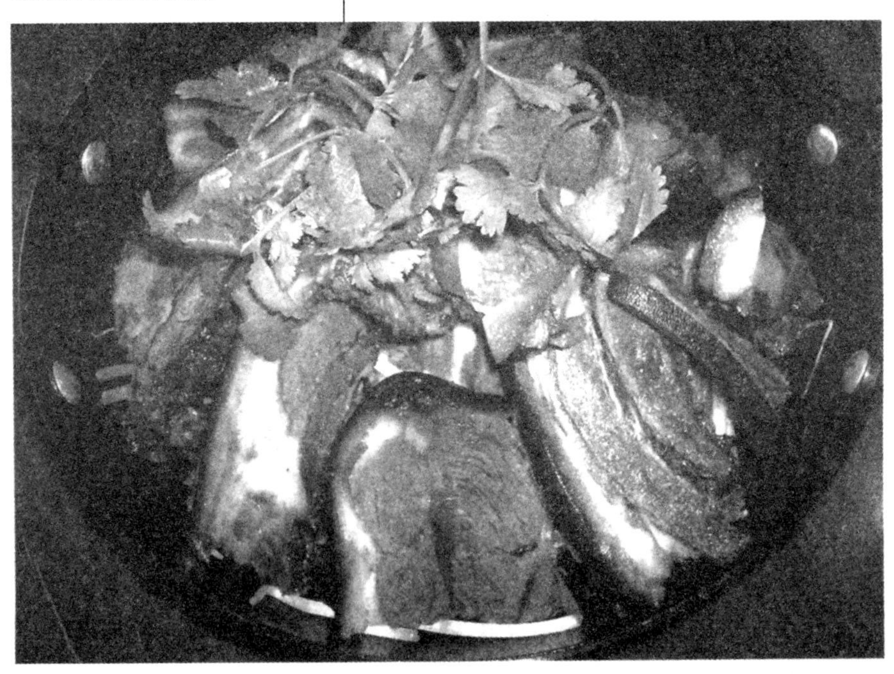

让小孩子食用，以求免灾病。

青海东部地区流行“狗占”的占卜方式，每年农历正月初一，人们在进食之前，先将盘中的各种食物端到狗面前让狗吃，狗吃什么食物，什么食物就会丰收，以此占卜新的一年哪种作物收成最好。

旧时浙江地区有“蹲狗窝”的育儿风俗。婴儿出生后，家人给他穿上旧衣，然后把他放在狗窝里躺一下。俗话说猫狗命贱，这样就可以使婴儿顺利成长。

飞奔中的狗

甘肃农村民间传统饮食有“狗拉羊皮”，是一种用手擀成的面片，不用刀切，而用手拉。相传农历正月二十日为女娲补天的日子，这一天各家忌动刀，不然会把天割开一个口子，引来大风沙，给人们带来祸患，所以此日吃“狗拉羊皮”。

（十二）猪

我国部分地区岁时风俗中有“岁猪”或“年猪”，这是汉族民间年节食品和祭品。民间过年，多以猪肉为主，故腊月，乡间多宰猪，或自食，或与邻里分食，俗称“杀年猪”。旧时山东、山西等地还有杀猪还愿的风俗。

岁猪是汉族民间年节食品和祭品

天津、河北等地有“肥猪拱门”的节日饰物，为春节时门屋所贴窗花的一种，用黑色腊光纸剪成。猪背上驮一聚宝盆，多贴于屋门的窗玻璃上，左右对贴肥猪窗花各一张，以此表示招财进宝之意。

汉族民间有牵猪牛的节日风俗，流行于贵州。每年夏历正月初一下午，由孩子用两根绳子在外各拴一块大、小石头，左右两手各拉一根绳，大石头代表牛，小石头代表猪，牵进牛棚、猪栏，口中不断喊：“我赶猪牵牛来了，赶猪牵牛来了！”认为可在新的一年六畜兴旺。

旧时汉民族民间有一种驱邪活动，叫“打母猪鬼”，流行于四川、重庆偏远山区。凡遇家事不顺利，人畜有疾病时，家中长者便设香案，以打母猪鬼来祭，向神灵许愿，以求驱邪。祭时，先择一黄道吉日，杀一母猪。将猪肢解分开，把头、蹄、肠、肝、肺等置于同一竹筐内，然后摆于堂中间，主持人燃香祝拜，祭毕将猪肉内脏煮熟后分吃掉。民间以为“打死一母猪鬼，驱除一个邪”。

汉族民间有“吃烧猪”的婚姻风俗，流行于广州等地。婚礼后，新娘返回父母家，必须以烧猪随行，其猪肉多少视夫家经济情况而定。若无，则妇女不贞。

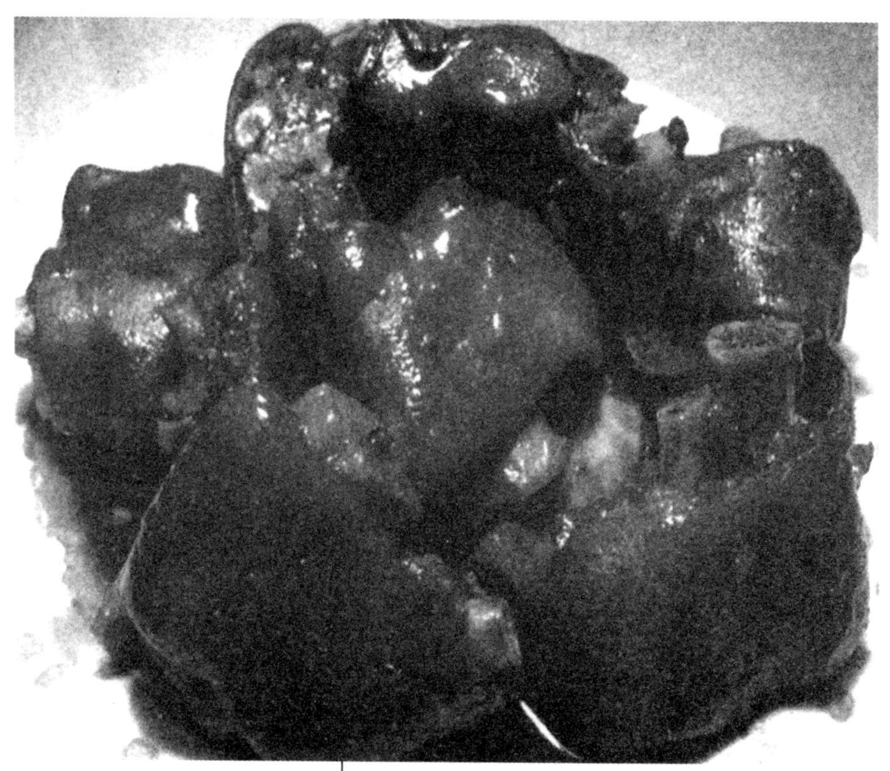

红烧猪蹄

因烧猪皮色金红，而被视为吉祥之兆，若三朝回门有烧猪，象征姑娘为黄花闺女。若回门礼没有烧猪，则说明姑娘不贞。故民间以“吃烧猪”来检验姑娘是否贞洁。

陕西一带有送猪蹄的婚姻风俗。结婚前一天，男方送给女方四斤猪肉，称“礼吊”，并送去猪蹄一对，女方将“礼吊”留下，猪蹄退回。婚后第二天，夫妻携带双份挂面及猪蹄一对回娘家，留下挂面，蹄退回。俗称“蹄蹄来，蹄蹄去”，表示今后永远往来。

三 生肖与文学

人们为十二生肖制作了儿歌和童谣

（一）属相儿歌

在日常生活中，人们常常说到“子鼠丑牛，寅虎卯兔……”，这是一首有关十二生肖的歌谣。《吴歌丙集》中就收录了一首这样的歌谣：

子老鼠，丑牛；
寅老虎，卯兔子；
辰龙，巳蛇，
午马，未羊。
申猢狲，酉鸡，
戌狗，亥猪。

天津作家程宏明也创作了一首儿歌：“生肖歌，好好好，十二生肖我知道。

健壮威猛的老虎

一只鼠，蹦蹦跳，两头黄牛哞哞叫；三只虎，下山冈，四只白兔快快跑；五条龙，齐飞腾，六条银蛇跳舞蹈；七匹马，把车拉，八只羊儿吃青草；九只猴，捧蜜桃，十只金鸡会报晓；十一只狗，看家门，十二只猪，齐献宝。生肖歌，好好好，大家拍手唱得妙。”一只鼠，两头牛，三只虎，四只兔，以这样的形式为十二生肖编号。儿童通过唱这首儿歌，可以记住十二属相的前后顺序，初步掌握生肖知识。

寓教于乐的儿歌，是人生的启蒙教材，是人们出生以后接触最早的文学形式。各

九龙壁上威武的龙浮雕

地几乎都有关于十二生肖的儿歌，这就反映了生肖文化的普及性。它是生活常识，儿歌必然会涉及十二属相题材。

生肖儿歌又是丰富多彩的。我国台湾南部地区的一首儿歌唱道：

一鼠贼仔名，二牛驶犁兄，
三虎爬山崎，四免游东京，
五龙皇帝命，六蛇受人惊，
七马跑兵营，八羊吃草岭，
九猴爬树头，十鸡啼三声，
十一狗吠客兄，十二猪菜刀命。

从子鼠到亥猪，人们都给编了序号。这样的儿歌便于儿童记住生肖顺序,同时，又对十二种动物作了形象的概括，鼠窃故称“贼仔名”，牛为耕畜便叫“驶犁兄”，都是符合常识的传唱。“五龙皇帝命”，告诉孩子十二生肖中辰龙排位第五，至于“皇帝命”则是将“皇帝为真龙天子”之说搬进儿童歌谣，诙谐幽默，给人以极大的乐趣。

这首儿歌，在台南也很流行，但是内容稍有不同：“一鼠二牛驶犁兄，三虎四兔隐龟仔行，五龙六蛇人人惊，七马走上山，八羊同吃草，九猴捏拳头，十鸡啼三声，十一狗吠客兄，十二猪拖未行。”

对儿童的启蒙教育，包括生肖文化的

学习与灌输。比“子鼠丑牛”更便于接受的，是富于童趣的儿歌。1923年出版的胡云翘的《沪谚外编》也记载了这样一首儿歌，它对十二生肖中动物习性的概括，非常富有童趣：

正月梅花开来直到梢，老鼠眼睛像胡椒，

偷油咬物真讨厌，叮嘱家家多养猫。

二月里开杏花，耕牛最是有功劳，

油车里碾米牛用力，稻田里戽水牛赶车。

三月里桃花红喷喷，老虎凶来要吃人，

凶人还有凶人制，提到铁笼里哪能放虎行。

四月蔷薇开来语头多，兔子双双来做窠，

月落一窠小兔子，子息多来劳碌多。

五月里向石榴开，老龙取水白漫漫，

问龙住宿在何处？松江有个白龙潭。

六月荷花开来梗子青，毒蛇出世草里登，

要嘱家家预备竹夹剪，灭尽毒蛇不害人。

兔子爱吃萝卜和青菜

体型矫健的公鸡

七月凉风凤仙飘，客人骑马马飞跑，

古来好将得好马，沙场征战立功劳。

八月中秋木樨香，性情愚善是胡羊，

吃奶跪在娘腹下，畜生也识孝亲娘。

九月菊花开得叶头齐，花里山上猴子真可怜，

扬州婆捉去做戏法，随街傍路卖铜钱。

十月芙蓉开来小春天，家家养只过年鸡，

雌鸡生蛋有出息，雄鸡到天明喔喔啼。

十一月水仙开来耀眼明，狗能防夜帮主人，

独是生成一种欺贫重富的脾气，看见穷人咬不停。

十二月里腊梅开，枥里猪豕拖出来，

日里吃仔三顿不做啥，杀伊肉吃本应该。

这首儿歌正月鼠、二月牛、三月虎，与正月建寅、二月建卯、三月建辰是不一致的。这一儿歌用十二个月份列出序数编号，兼顾植物花期的知识，而且对生肖动物的描述内容更丰富，认识上更加深刻，反映了大众对事物的好恶，而非针对某种属相。

（二）春联对偶

浙江莫干山，有一处石雕十二生肖公园。公园入口处建着一座石牌坊，左右立柱上刻着楹联：上联“子丑寅卯辰巳午未申酉戌亥”，下联“鼠牛虎兔龙蛇马羊猴鸡狗猪”，横批“生生不已”。从内容上看，这是一幅对仗工整的联语。

涉及生肖的对联，相传清代曾有人撰写这样一副：

王好贷，不论金银铜铁；

寅属虎，全需鸡犬牛羊。

十二生肖鼠雕塑

十二生肖猴雕塑

这是一副藏头联。其中蕴含着一个故事，上下联的头一个字点了贪官的名。王寅在一个县里做县令，搜刮民财，贪婪无比，当地百姓恨之入骨。一天夜里，有人偷偷地在他门上贴了这副对联。“王好货”，语出《孟子·梁惠王下》：“王如好货，与百姓同之，于王何有？”这句话原本有一些与民同乐的味道。但如果不是“与百姓同之”，而是很自私地把“货”，即金银铜币，“好”到自己的私囊里，就是鱼肉百姓、搜刮民财了。下联巧用生肖，“寅属虎，全需鸡犬牛羊”，由寅到虎，将贪官比做“全需鸡犬牛羊”，贪得无厌的老虎，而且还是只张着血盆大口的恶虎，这样就为这副对联增加了不少讽刺力度。

古人提高自己的文学修养，其中也包括对仗这一门功课。清代小说《镜花缘》第七十七回写姑娘们斗草名，你出“牵牛”，她对“丹参的别名逐马”；又出牵牛子的别名“黑丑”——这个“丑”字暗藏地支之名，有人对以茶名“红丁”。丑属牛，由牵牛联想到黑丑，再以红丁对仗。丑和丁，天干对地支。

我们从以上的故事中，可以见到生肖文化为联句对仗带来的乐趣。联句对仗如果与传统节日春节结合，就形成了一种雅俗共赏的岁时文化样式——春联。《宋史·蜀世家》记五代后蜀主孟昶题写桃符：“新年纳余庆，嘉节号长春。”清代人经过论证说这是中国历史上最早的春联。

其实，十二生肖都是可以入联的。如鼠年联，“鼠去人安泰，子来国富强”；龙年联，“辰居其所群星拱，龙舞于天万国歌”；狗年联，“庚年种树山山绿，戌犬司宵户户安”；猪年联，“亥来四季美，猪献满身肥”。这四副对联的特点是上下联分别嵌入地支与属相。此其一。

其二，旧岁新年嵌入联语。如“兔送

十二生肖兔雕塑

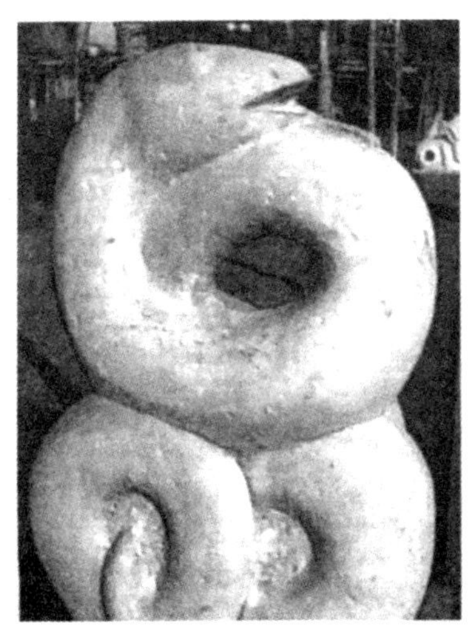
十二生肖蛇雕塑

东风周九地，龙迎瑞雪庆元春”，这是龙年联；“龙勺酒浆辞旧岁，蛇纹琴韵迎新年”“辞戊辰金龙述职，迎己巳银蛇报春”，前者为一般的龙年联，后一副为戊辰年联。这类春联中，有一副关于马的春联，“春自巳年蛇尾起，旦从午岁马头生”，写蛇年、马年的交替，既传神又有趣。

其三，联语中不以生肖相对仗。如龙年春联“龙蛇交替舞，岁月继续新”，上联写到两种生肖——龙蛇，对下联的“岁月”。

其四，只以地支入联的生肖春联。“万千禽兽尊为子，十二生肖独占先”，这副鼠年春联，并不见一个“鼠”字。

总之，如果我们想要创作出一些品质上乘的生肖春联，不细细地进行一番构思是不行的，有时还要注意到用典、对仗等问题。

（三）隐语异名

隐语，又称行话、黑话、切口等。有些事情或东西，说话者不愿照直讲出，用隐语来讲，听话者如果是行家，并不需要破译就可知晓。听者如果不是同类人，就往往不能理解其中的意思，仿佛走进云雾中一般。隐语是某一类人群中流行的内部语言，一些秘密团体将隐语作为维系团体关系的方式之一。

从地支与属相的对应关系中也可以派生出不少的隐语。比如，以“丑生”为牛的隐语，见《行院声嗽》（明代时流行于烟花巷的隐语书）。

这类隐语乡村间也有流行，清代的民间农事隐语称牛为“丑官”。“丑生”“丑官”均源于生肖牛，在“丑”后面缀以“生”或“官”，就使其带有了拟人化的味道。

十二生肖马雕塑

隐语具有语言的基本特性，它是约定俗成的，要相对稳定。曲彦斌《中国民间秘密语》一书，载有清末民间弹三弦算命者有一套隐语，用来指代十二生肖：

属鼠——光嘴通，属牛——摆子通，属虎——爬山通，属兔——钻坎通，属龙——海条通，属蛇——柳子通，属马——横行通，属羊——长髯通，属猴——斤斗通，属鸡——啼明通，属狗——守笆通，属猪——垂耳通。

算命先生有时并不直说属鼠属牛，而是用隐语，就讲“光嘴通”“摆子通”。该书还介绍拉胡琴算命者的隐语，其以“死为川”。“虎伤为寅川，犬咬致死为戌川，蛇咬致死为巳川”。很明显地可以看出，这是从生肖而来的隐语。

从《中国民间秘密语》这部书中可以看出，在大量的旧时民间隐语里，也包含有生肖文化因素。例如：

卯兔：

明代隐语，兔为卯官。因为兔为月魂，卯属兔，所以《行院声嗽》把月亮称为卯光。

辰龙：

《江湖切要》：三为汪，又为汪辰。辰为龙，龙主水，所以隐语用“汪”。

十二生肖龙雕塑

巳蛇：

上面已经论述过，清末民初，拉胡琴算命者隐语称蛇伤致死为巳川。

午马：

《江湖切要》载隐语数码，四为则，又为执巳。五为中，又要为中马。清代时，称马的隐语有午流、午老。

十二生肖羊雕塑

未羊：

根据羊肉的味道特点，《行院声嗽》称羊为膻郎。到清代出现了许多其他名称，如膻老、解草、白衣、未流都是称羊的隐语。

申猴：

《江湖切要》所记隐语数码，七为辛申。这仍属于以寅虎为一的数码体系。又称七为心，“心”即“心猿”的缩略。古代有一个广为流传的词，叫“心猿意马”。因此，称数码七为心，就是以“心猿”之猿来与申相对应。

酉鸡：

酉官，自是生肖的产物。清代隐语称鸡为酉官、鸣老、得晓等。

戌狗：

《行院声嗽》中说，狗为戌儿。到清代时，又出现了巡攘、州官、戌老等隐语。

十二生肖猪雕塑

亥猪：

明代民间隐语称猪为亥儿。黑官之黑，是因亥五行属水，水色黑。清代《癸巳存稿》：“司水曰张大明王，俗称牛肉菩萨，以水德在亥，祭不用亥禽，猪也。”亥禽，当是民间祭祀时所用隐语。清代称猪的隐语有亥官、黑官。

隐语中的生肖，反映了生肖与地支，一个为生动的形象符号，一个为抽象的没有什么意义（至少如今是这样）的符号，合二为一，互为表里的关系，实在是一种文化的奇观。

与生肖有关的隐语，还有另一种形式，就是用生肖称代器物。如出海捕鱼在古时候是危险性非常大的，人们由于心理的需要，产生了很多禁忌。黄海渔业生产就有一种习惯，“渔船上的一些部件和用具，都可以用十二生肖作为其代称，如墙垛称老母猪肚子，小蓬索称鼠尾子，船槽称马嘴等等。

这样虽然外人听了觉得很好奇，但是渔民在海上作业时相互称呼，很是方便。人们之所以用十二生肖作为渔船器物的代称，取意可能就在于生肖之生——十二生肖本身蕴含着生生不已的意思。

四 生肖与成语

与鼠有关的成语大都含有贬义

（一）鼠

在人们的眼中，老鼠的形象是猥琐的，习惯于暗中行事。所以在成语中，与鼠有关的大都含有贬义。

“首鼠两端”，形容一个人遇事模棱两可，见风使舵，不轻易表态。“抱头鼠窜”，抱着头像老鼠一样逃窜。形容受到打击后仓皇逃命的狼狈相。如《三国演义》第八十回：“孟获等抱头鼠窜，往本洞而去。”

“胆小如鼠”，形容一个人胆子小得像老鼠一样。形容胆小怕事。“鼠肝虫臂”，后人多以之比喻微末轻贱的人或物，它出自《庄子·大宗师》：“伟哉造化，又将奚以汝为？将奚以汝适？以汝为鼠肝乎？以汝为虫臂乎？”这原本是子犁去看望生病的子来时所说的一句话：“伟大的造物者啊，他又要把你变成什么东西？要把你送到哪里？要把你变成老鼠的肝吗？要把你变成小虫的膀子吗？”所以这个成语有时也用来比喻人世的变幻无常，又作“鼠臂虮肝”。

“鼠目寸光”，老鼠的眼光只有一寸远。形容目光短浅。“鼠肚鸡肠”，比喻人的气量狭小，很难包容别人。

“鼠牙雀角”，语本《诗经·行露》：

“谁谓雀无角，何以穿我屋？谁谓女无家，何以速我狱……谁谓鼠无牙，何以穿我墉？谁谓女无家，何以速我讼？”该诗写一男子逼娶一女，遭到女子的严词拒绝。“鼠牙雀角”可以用来比喻强暴势力，也可以指诉讼事或引来争讼的细微之事。至于“鼠心狼肺”，我们现在都已经写作“狼心狗肺”；将鼠换为狗，意思显得更为准确。

上面的成语都是借用老鼠的身体部位进行比喻，别看老鼠身体不大，对于汉语的贡献也可谓“鞠躬尽瘁”了。此外，用人与鼠的关系或老鼠自身位置与行动进行

鼠剪纸

比喻，成语中也有很多这样的例子。“过街老鼠”，与俗语“老鼠过街，人人喊打”意思相同，可见人们对老鼠怨恨的程度之深。“鼠窃狗偷”，或作“鼠窃狗盗”，用来比喻小偷小摸或小规模的抢掠骚扰，但“鼠窃狗偷”，还有鬼鬼祟祟和不正当的男女关系两个意思。“猫鼠同眠”，猫和老鼠睡在一起。比喻上官糊涂，任凭下属干坏事。也比喻上下互相包庇，一起干坏事。

“城狐社鼠”，语本《晏子春秋·问上九》：“夫社，束木而涂之，鼠因往托焉，熏之则恐烧其本，灌之则恐败其涂，此鼠所以不可得杀者，以社故也。”这句

玉雕鼠

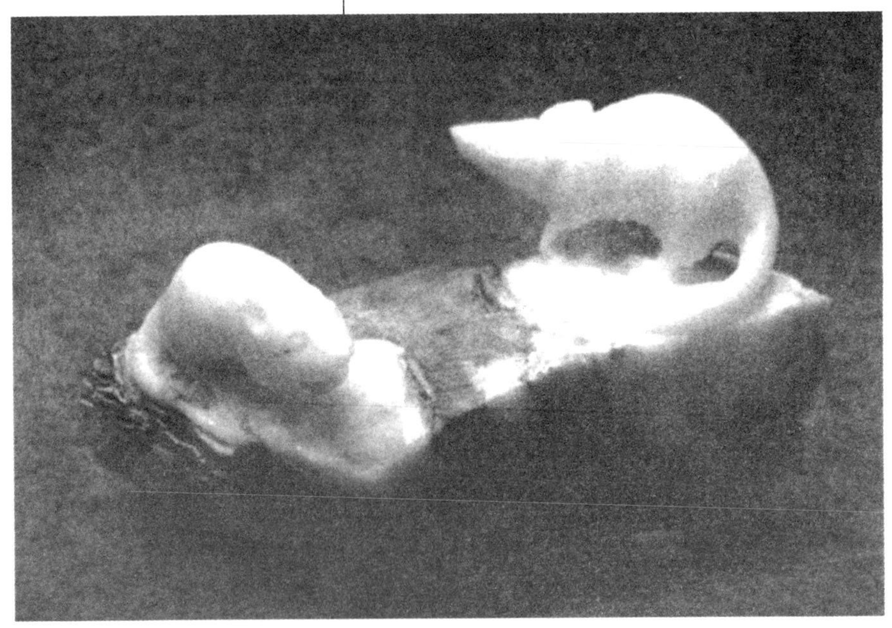

十二生肖浮雕鼠

话是说城社坛中的老鼠，凭着人们对神灵的恭敬之心而为非作歹，所以很自然地让人痛恨得咬牙切齿。

“罗雀掘鼠”，因为粮食用尽而只能张罗捕雀、挖洞捉鼠以充饥，常常用来比喻用尽一切办法去筹措资金。这一典故出自《新唐书·张巡传》，据说张巡驻守睢阳时，城里粮食用尽，所以“至罗雀掘鼠，煮铠弩以食”。

总之，有关老鼠的成语都不乏生动幽默的色彩，这就极大地提高了汉语的表现力。

（二）牛

牛是人类最早的动物朋友之一，在人

牛是人类最早的动物朋友之一

类语言之中与其相关的有很多。例如在《中华成语辞海》中，带有“牛”字的成语、俗语就多达一百四十多条。而且这些带有“牛”字的成语言简意赅，形象生动，有很强的表现力，因此大多成为百姓日常用语。

带有“牛”字的成语中，有很多都是历史久远，有典故出处的。

如“庖丁解牛”一词，语出两千多年前的《庄子》，说的是有一个厨师为文惠君宰杀分割一头牛，刀根本不碰牛骨头。厨师告诉文惠君，他刚开始宰杀分解牛时，眼中就是一头牛，而经过十九年宰杀数千头牛之后，如今眼睛里“未尝见全牛”，刀锋却在骨隙之间游刃有余。后来人们用这个成语比喻技术高超，出神入化。

“牛鬼蛇神”，今天常用来比喻各式各样的坏人。其实这个成语也是有出处的，它语本唐代杜牧《李贺集序》：“鲸口去鳌掷，牛鬼蛇神，不足为其虚荒诞幻也。”这里用牛首之神与蛇身之神来形容文学作品的虚幻与怪诞，并不包含贬义。之后人们又用它比喻歪门邪道，再进行引申可以形容各种坏人，就完全成了贬义词。

“汗牛充栋”这个成语出自唐代大

文豪柳宗元笔下。柳宗元称赞陆文通藏书丰富，在屋里堆放高及栋梁，用牛搬运时，牛累得出汗。现在人们用“汗牛充栋”形容藏书很多，显得既准确又形象。

“老牛舐犊”，以牛爱其犊子常用舌头舔之，比喻人们爱子情深。此语本《后汉书·杨彪传》：“子修为曹操所杀，操见彪问曰：‘公何瘦之甚？’对曰：‘愧无日磾先见之明，犹怀老牛舐犊之爱。，”另外根据《汉书·金日磾传》，金日磾原本是匈奴休屠王太子，被汉武帝俘虏后拜为马监，深受汉武帝的宠爱，他的儿子弄儿也为汉武帝所钟爱。但是弄儿在宫中的

十二生肖浮雕牛

行为并不让人满意，与宫人淫乱时，被金日磾撞见，金亲手杀了儿子，以防止后患，所以这样就更加受到汉武帝的尊敬了。杨彪用这一典故回答曹操，是反话正说，他怨恨曹操杀子，但又选择了一种很合适的回答方式，令曹操也无可奈何。

“泥牛入海”，泥塑的牛一进入水中就解体了，比喻某一事物一去不复返。“土牛木马”，以泥捏的牛和木制的马比喻有其名而无其用。“牛骥同皂”，牛和千里马在一个槽中进食，比喻贤愚不分。“宁为鸡头，无为牛后”，与“宁为兵头，不为将尾”的意思大致相同。“执牛耳”，比喻在某一领域中占据领导的位子；“牛马风”，指事物之间毫不关联，与“风马牛不相及”相似。

然而，由于时代发展的原因，一些带有“牛”字的成语现在已不常用。比如“吴牛喘月”，是说生长于江淮一带的水牛怕热，误把月亮当成太阳，一看见月亮就喘。古人用来比喻害怕使之受苦的事物，也用来形容酷热难当。但现在这个成语已经渐渐地被人们遗忘了。

有趣的是，由于牛与其他家禽家畜为伍，所以，牛与其他动物搭配组合的成语屡见不鲜，诸如“做牛做马”“牛黄狗宝”“鸡口牛后”等比比皆是。

铜牛车

耕牛

此外，也许是人们对牛太熟悉了，所以日常生活中借“牛”说事也相当普遍。比喻极其渺小细微，叫“九牛一毛”；讥笑说话的人不看对象，叫“对牛弹琴”；讽刺动作迟缓，叫“蜗行牛步”；形容一去不返、杳无音信，叫“泥牛入海”。总之，这些成语都是非常贴切形象的。

（三）虎

在汉语的天地中，有关虎的成语是引人瞩目的。如“放虎归山”“如狼似虎”“狼吞虎咽”“虎头蛇尾”“虎背熊腰”“画虎类犬”“照猫画虎”“前门拒虎，后门进狼”“与虎谋皮”“虎头虎脑”“虎啸

龙吟”“虎斗龙争”等，它们在日常生活中经常使用，形象生动，而且与虎有关的成语大都带有一种豪迈之气。

其中，有关虎的另一些成语，不明出典，就很难说出其确切意思。如“虎尾春冰”，语本《尚书·君牙》：“心之忧危，若蹈虎尾，涉于春冰。”可见是比喻极其危险的境地。“暴虎冯河”，语本《诗经·小雅·小旻》：“不敢暴虎，不敢冯河。”指空手搏虎，徒步过河，常用来比喻有勇无谋，进行冒险活动。“三人成虎”，语本《战国策·魏策二》：“夫市之无虎明矣，然而三人言而成虎。”比喻谣言一再重复传播，就有可能让人

威风凛凛的虎

信以为真。“投畀豺虎”，语本《诗经·小雅·巷伯》，指将坏人投饲豺狼虎豹，用来表示深恶痛绝。又如“为虎作伥”，语本裴铏《传奇·马拯》，马拯是一位处士，爱好游山玩水，一天他到山中访问一位僧人，仆人被老虎吃掉，有一隐士告诉马拯，吃掉仆人的虎是僧人变成的。于是二人商量对策杀死僧人，后来又看到许多被老虎吃掉后所变的伥鬼，他们不但不报仇，反而受虎驱使做坏事。于是马拯等人又杀死一虎，并且拯救了许多伥鬼。这种人变虎的故事，古代有很多，但被虎所食之人变成伥鬼而去害人，则仅见于此小说。后人即用“为虎作伥”一语比喻当恶人的帮凶。

有关虎的一些成语取义明显，虽有出处，但不知道也无碍理解。如“不入虎穴，焉得虎子”，语本《后汉·班超传》。“骑虎难下”，语本《晋书·温峤传》。“虎口馀生”，语本唐刘长卿《按复后归睦州赠苗侍御》诗。这些成语，从字面意思就可以进行理解，不会大错。此外这类成语还有“虎口拔牙”“放虎归山”“与虎谋皮”“画虎类犬”以及“前门拒虎，后门进狼”等等。

有一些成语，可出现不同的说法。如“如虎添翼”，又作“如虎傅翼”“如虎

可爱的卡通虎形象

乖巧的兔形象

生翼”“如虎生翅”等等；“虎口拔牙”与“虎口扳须”则是同义的成语。然而若讲“为虎傅翼”，就与“如虎傅翼”意义不同了，前者强调力量的增加得到了外力的协助。“降龙伏虎”，是源于佛典的成语，形容力量强大，可以战胜一切邪恶势力。“虎踞龙蟠”，也作“虎踞龙盘”，原是形容金陵地势之语，后也用来形容一切地势险要之地。

（四）兔

顾名思义，有关兔子的成语自然都应在文字中出现“兔”字，一般而言的确如此。但也会有例外，如“扑朔迷离”一语，语本北朝民歌《木兰辞》：“雄兔脚扑朔，雌兔眼迷离。双兔傍地走，安能辨我是雄雌。”扑朔，脚乱动；迷离，看不清楚物的状态。后人即用此语比喻事物错综复杂，一时难以辨别。

与兔有关的成语很多都蕴含着一个故事，或称典故。如“兔死狐悲”，兔子死了，狐狸感到悲伤。比喻因同类的死亡而感到悲伤。语本《宋史·李全传》：“狐死兔泣，李氏灭，夏氏宁独存？”元无名氏《赚蒯通》第四折：“今日油烹蒯彻，正所谓兔死狐悲，芝焚蕙叹。”“犬兔俱毙”，语本《战国策·齐策三》：“齐欲伐魏，淳于髡谓齐王曰：‘韩子卢者，天下之疾犬也；东郭逡者，海内之狡兔也。韩子卢逐东郭逡，环山者三，腾山者五，兔极於前，犬废於後，犬兔俱罢，各死其处。田父见之，无劳倦之苦而擅其功。’”后因此以“犬兔俱毙”喻双方同归于尽。“守株待兔”语本《韩非子·五蠹》。“兔死归窟，狐死首丘”语本《淮南子·说林训》。

“狡兔三窟”语本《战国策·齐策四》：“狡兔有三窟，仅得免其死耳；今君有一窟，未得高枕而卧也；请为君复凿二窟。”后以“狡兔三窟”喻藏身处多，便于避祸。

“兔葵燕麦”形容景象荒凉，语本唐

与兔有关的成语很多都蕴含着典故

代刘禹锡《再游玄都观绝句》诗引。“兔丝燕麦”一字之差，意义则完全不同，兔丝有丝之名而不可以织，燕麦有麦之名而不可以食，用来比喻有名无实。此成语源于《魏书·李崇传》：“今国子虽有学官之名，而无教授之实，何异兔丝燕麦、南箕北斗哉！”

“守株待兔”，比喻死守狭隘经验，不知变通，或抱着侥幸心理妄想不劳而获。语本《韩非子·五蠹》：“宋人有耕田者，田中有株，兔也，触柱折颈而死。”古人诗文中的诗句也可以转化为成语。如“东兔西乌”，谓月亮东升，太阳西落，表示时光不断流逝。古代神话中说太阳中有三足金乌，月亮中有玉兔，因此以乌、兔代指日月。“得兔忘蹄”，比喻成功之后就忘记了当初自己所依靠的力量或条件，语本《庄子·外物篇》：“筌者所以在鱼，得鱼而忘筌；蹄者所以在兔，得兔而忘蹄。”筌，捕鱼的竹器；蹄，捉兔的网具。“兔起鹘落”，本义是兔子刚出现，鹘立即就降落捕捉，形容动作非常敏捷，常常用来比喻文人在作文章或作画时下笔果断迅捷。语本宋代苏轼《文与可画筼筜谷偃竹记》：“故画竹必先得成竹于胸中，执笔熟视，乃见其所欲画者，急起从之，振笔直遂，以追其所见，如兔起鹘落，少纵

飞奔跳跃的兔子

则逝矣。”

此外,“兔死犬饥”,比喻敌人灭亡后,功臣不受重用。“见兔放鹰”,谓看到眼前利益,就竞相追逐。“狮象搏兔,皆用全力”,比喻对小事情也拿出全部力量认真去做。这些都是与兔有关的成语。

双龙戏珠

(五)龙

与“龙”相搭配的成语非常多,又最为群众所喜闻乐见,并经常用以形容各种社会生活。如“乘龙快婿”,据《列仙传》记载,春秋时期有个高士叫萧史,喜好吹箫自娱自乐,陶冶性情,秦穆公把自己的女儿弄玉嫁给他,后来二人修仙得道,弄玉乘凤,萧史乘龙,一同升天成仙,人们赞美穆公有眼力,把女儿嫁给一个乘龙快婿。当时楚国有个太尉叫醒叔元,他的两个女儿分别嫁给了楚境名士黄宪法和李膺,大家也夸他得了两个乘龙快婿,意思是说女婿如龙,不同凡俗,所以杜甫有诗说:“门栏多喜气,女婿近乘龙。”

在汉语中使用频率较高与龙相关的成语要数“画龙点睛”了。唐代张彦远《历代名画记》中有这样的一则记载:张僧繇是南朝梁时的著名画家,梁武帝修建装饰佛寺，经常命张僧繇为之作画。但是他给金陵安乐寺画四条白龙却迟迟不肯点上眼睛，说："点睛即飞去。"人们以为他在说大话，就劝他赶紧画上眼睛。令人没有想到的是，龙睛一点，真的只见电闪雷鸣，即有二龙乘云升天而去，另外还有二龙没有点睛，仍然留在墙壁上。这当然只是传说，不过后来人们常用"画龙点睛"一词形容在文章的关键之处点明要旨以使文章内容生动有力。

"叶公好龙"，这一成语蕴含着很深的生活哲理。据刘向《新序·杂事五》云："叶公子高好龙，钩以写龙，凿以写龙，屋室雕文以写龙。于是天龙闻而下之，窥

"叶公好龙"蕴含着很深的生活哲理

头于牖，施尾于堂。叶公见之，弃而还走，失其魂魄。五色无主。是叶公非好龙也，好夫似龙而非龙者也。于是后人就用“叶公好龙”比喻人们对某一种事物的喜好只是表面上的而非真实的。

龙是中国神话中的一种利万物的神异动物

鱼与龙，在古人心目中，全属鳞界水族，某种条件下，鱼可以变化为龙，表示事物本质的一次大的飞跃。根据《辛氏三秦记》记载，黄河中游有一座龙门山，每年暮春就有黄鲤鱼在此逆流而上，能跨越过去的便可化为龙，这就是“鱼跃龙门”一词的来历。但是在世界上我们所遇到的更多的情况是“鱼龙混杂”，好人、坏人搅和在一起，让人难以分辨。唐代无名氏《渔父》词云：“风搅长空浪搅风，鱼龙混杂一川中。”这就是人间多事的写照。

一般来说，龙总是象征着吉祥与美好。如“龙眉凤目”，龙，是传说中能兴云作雨的神异动物；凤，传说中的神鸟。这一成语形容人仪表英俊，气度不凡。“龙吟虎啸”，像龙虎那样长吟长啸。形容声音高亢响亮。“生龙活虎”，比喻活泼矫建，生气勃勃。“笔走龙蛇”比喻草书的笔势矫健生动。李白曾说：“时时只见龙蛇走，左盘右蹙如惊电。”

舞龙队

但是一些有关龙的成语也带有贬义色彩，如“龙潭虎穴”，龙居处的深潭，虎栖息的洞穴。比喻非常险恶的地方。“群龙无首”比喻失去了领头人，多用于贬义。“屠龙之技”，一望可知乃讽刺不切实际的技能。“攀龙附凤”当然是讽刺巴结者的。

总之，在汉语中，有很多成语是由“龙”与其他字词共同搭建起来的，可以说，带“龙”的成语大多带有一种威风凛凛的气势。

（六）蛇

在汉语中，有关蛇的成语如“画蛇添足”“杯弓蛇影”“虎头蛇尾”等，各有典故出处，为广大民众所耳熟能详。

“杯弓蛇影”，形容人对蛇的极端恐惧之情。这一成语来源于历史上一个真实的故事。据《晋书·乐广传》载，乐广有个与之关系很好的朋友很久没来他家做客，乐广问他原因。客人回答说：“上次来的时候，刚要饮酒时，看见酒杯中有一蛇，喝下这杯酒之后就病了。”当时乐广客厅壁上挂着一把角弓，弓上用油漆画着一条蛇。乐广思量客人酒杯中的蛇就是角弓映在杯子中的影子，于是他又在客人上次坐过的地方重新请客人喝酒，问客人在酒杯中又看到什么了，客人答同上次见到的一样。乐广就向客人说明了原因，客人豁然开朗，病

许多关于蛇的成语为大众所熟知

蛇曾是人们崇拜的一种动物

立刻就好了。乐广的客人对蛇恐惧到如此程度，以至于见到酒杯中的“蛇”就病了好长时间，而一旦明白那条莫须有的“蛇”不过是一张弓的影子时，病马上就好了。这生动的说明了蛇在人们心中的狠毒的形象。后来，“杯弓蛇影”就用来比喻人们疑神疑鬼，自相惊扰。

“打草惊蛇”，这个成语也有个故事。古时候有一个叫王鲁的人当县令，专门搜刮民财。有一次有人控告王鲁的部下贪赃，王鲁判决时说：“你虽然是在打草，但我已经像受到惊吓的蛇一样。”意即别人虽然控告王鲁的部下，但王鲁自己也受到警告。可见“打草惊蛇”的本意是比喻惩治某人，而警告另一个人。后来比喻做事尤其是在侦查、破案时，行动不缜密，致使对方有了防备。

一些有关蛇的成语本属中性，如“蛇行鼠步”与“蛇行鳞潜”，全形容谨小慎微或行动隐秘，本无褒贬之义，但若以类似“蛇入鼠出”一类的话来形容正面人物的行动，总有一些用词不当的感觉。以“麝珠雀环”或“蛇雀之报”作为报恩的用语，并不错；但若移用于品行不端之人，就不伦不类了。

其实，蛇出现在成语中，还是贬义的居多，如“蛇蝎心肠”或“毒似蛇蝎”，毒蛇和蝎子是有名的毒物，因此借这两种毒物来形容人的毒辣。“佛口蛇心”，佛是慈悲的，蛇是狠毒的，这是形容人口上甜蜜，心中狠毒，等同于“口蜜腹剑”。“蛇毛马角”，世界上本不存在，用来形容有名无实者最为贴切。“蛇食鲸吞”比喻强者吞并弱者也极恰切。“蛇盘鬼附”比喻坏人相互勾结，极具形象性，与“蛇蟠蚓结”一语有异曲同工之妙。

此外，还有一些与“蛇”有关的成语是用来形容书法的，如“笔走龙蛇”，蛇

蜿蜒曲折的蛇

透迤而行，比喻运笔流畅，犹如龙蛇舞动，形容书法苍劲洒脱，类似于龙飞凤舞；也比喻行文流畅，才思敏捷，写文章速度快，如同行云流水一般。“春蚓秋蛇”，出自《晋书·王羲之传》，形容缺乏功底和气势的书法。这些也都是人们在生活中比较常用的成语。

人们将运笔流畅的书法作品与蛇联系起来，比喻生动

（七）马

马和战争的关系是非常密切的，因此在有关马的成语中，与人类战争相关的就占多数。如“人仰马翻”，人马被打得仰翻在地。形容惨败的狼狈相，也比喻乱得不可收拾。“一马当先”，比喻走在前列，带动别的人或事情，起带头作用。“单枪匹马”，一人单身上阵。比喻没有旁人帮助，单独行动。“厉兵秣马”，把兵器磨好，把马喂好，形容准备战斗。“汗马功劳”，汗马，指骑马作战时马跑得大汗淋漓，比喻征战的劳苦。原指在战争中立下的功劳，现在也指在各种工作或事情上作出的贡献。这些成语都与战争有关，使用频率较高，而且意思比较浅显。

有一些成语也涉及战争，但如果不明出典，理解起来就要费一些力气，如出自《左传》的“马首是瞻”，出自《韩非子》的“老马识途”，出自《后汉书》的“马革裹尸”等等，若知其背后的故事，无论使用还是阅读都会感觉到一种难言的韵味。

历代史书有一些涉及马的成语，虽与战争关系不大，但也很有趣味。如“塞翁失马”，《淮南子》里说，住在边塞上的一个老头儿，一天丢了马，别人来慰问他，他说：“这怎么就不算是件好

飞驰的骏马

马曾与战争的关系十分密切

事呢？”一个月后这匹马果然回来了，还带回了一匹好马。后来，就用“塞翁失马，安知非福”来比喻虽然暂时吃亏或失利，却因此得到了好处。也指坏事可以变成好事。“害群之马”，比喻危害集体的人。出自《庄子·徐无鬼》“夫为天下者，亦奚以异乎牧马者哉？亦去其害马者而矣。”“指鹿为马”，《史记·秦始皇本纪》记载，秦二世时，丞相赵高想篡位，但又怕其他大臣不服从，就先来测验一下。

他给秦二世献了一只鹿，说：“这是匹马。”二世笑着说：“丞相弄错了吧？把鹿说成马了。”赵高就问其他大臣，大臣中有的不吭气，有的想巴结赵高就跟着说是马；也有说是鹿的，事后赵高就诬陷以其他罪名把他们杀害了。后来就用“指鹿为马”比喻有意颠倒黑白，混淆是非。此外，如“白驹过隙”，语本《庄子·知北游》，形容时间转瞬即逝。“驷不及舌”，语本《论语·颜渊》，讲的是出言谨慎之理。其他如“倚马可待”“童牛角马”“风墙阵马”“盲人瞎马”“牛溲马勃”等成语，虽然不常见，但是也与马有着千丝万缕的关系。

还有一些有关马的成语直接来源于古

许多画家擅长画马

奔驰的骏马

人的诗词文章，有典雅之趣。“金戈铁马”，指战争。宋词人辛弃疾《永遇乐·京口北固亭怀古》：“想当年，金戈铁马，气吞万里如虎。”“青梅竹马”形容两小无猜的天真之态，语本唐代李白《长干行》：“郎骑竹马来，绕床弄青梅。同居长千里，两小无嫌猜。”“走马看花”本形容得意之情，后表示对事物的表面印象或了解，语本唐代孟郊《澄科后》：“春风得意马蹄疾，一日看尽长安花。”

总之，有关马的成语较多，人们使用的频率也很高。这些成语或富于智慧，或富于哲理，活跃于人们的口头或笔下，有着极强的生命力。

温顺的绵羊

（八）羊

长期以来，羊因其温顺善良成为人们最喜爱的家畜之一，因此，人们也常常借助于羊而形成不同的成语，这些成语可说是各具其趣。

“如狼牧羊”比喻那些残酷的统治阶级、贪官污吏。“亡羊得牛”形容失去小的，得到大的，其实是因祸得福。某一地方官多而百姓少，被形容为“十羊九牧”，可以说是夸张而不失其真。一个人学习或做事无恒心，没毅力，难以获得进步或成功，人们常说“多歧亡羊”。

此外，一些与羊有关的成语背后还表。语本汉代扬雄，《法言·吾子》：“羊质虎皮，见草而悦，见豺而战，忘其皮之虎也。”

温顺、柔弱的羊一旦落入虎群，其后果可想而知了，所以人们常把那种弱者落入强者手中或好人落入坏人手里叫作“羊入虎群”。

“羊狠狼贪”，比喻狠毒贪婪。语本《史记·项羽本纪》，原是楚上将军宋义警告屡欲出击秦军的项羽的话：“猛如虎，狠如羊，贪如狼，强不使者，皆斩之。”而项羽并未屈服，他借机杀死宋义父子，率三军破釜沉舟，一举打败秦军，确立了个人在军中的地位。

有关羊的成语还有一些不常用的，如“羝羊触藩”，比喻进退两难，取意公羊的角钩在了篱笆之上。语本《易经·大壮》：“羝羊触藩，羸其角。”羸，卡住的意思。又如“告朔饩羊”，是比喻形同虚设的意思。语本《论语·八佾》：“子贡欲去告朔之饩羊，子曰：‘赐也，尔爱其羊，我爱其礼。’”周制，天子于每年冬季把第二年的历书颁发给诸侯，称“告朔”。诸侯则于每月的朔日（农历初一）行告庙听政之礼，并以羊为祭品。但这一制度至鲁文公时已经不行，而有司乃供饩羊，所以子贡（端木赐）欲去

羊因其温顺善良成为人们喜爱的家畜之一

掉它，而孔子却要保持这一虚有的礼制，就有了“告朔饩羊”这一成语。

另外还有诸如“使羊将狼”“问羊知马”“羊肠小道”“牧羊读书”等在生活中屡屡使用。

（九）猴

据科学研究发现人类是由猿进化而来的，这是一个不争的事实。因此在十二生肖的动物中，猴与人类是最相似的。也许正是这种原因，就削弱了人类在自然界中的优越感，所以汉语中与猴相关的成语几乎都带有贬义色彩。

“朝三暮四”，语本《庄子》，有个养猴的人给他的猴子分发食物，说：“朝

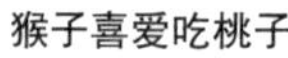
猴子喜爱吃桃子

三而暮四。”即早上发三颗橡子，傍晚发四颗橡子。那些猴子都不满意，颇为怨愤。养猴人改口说：“然则朝四而暮三。”即改为早一发四颗，傍晚发三颗。结果那些猴子都很高兴了。原指聪明人善于变换方式，实质没有变，却使对方满意；而不善于辨别事理的人可能被捉弄。后世引用多指反复无常，变化不定。

“杀鸡吓猴”，传说猴子怕见血，驯猴人就杀鸡放血来恐吓猴子。《官场现形记》说：“把鸡子宰了，那猴儿自然害怕。”后比喻惩罚一个人来吓唬其他人。也作“杀鸡儆猴”。

“心猿意马”，语本汉代《参同契》注：“心猿不定，意马四驰。”又见于佛经变文《维摩诘经菩萨品》。比喻心意像猿腾马奔一样胡思乱想，控制不住。或写作“意马心猿”。

“沐猴而冠”，沐猴，即猕猴。冠，戴帽子。语本《史记·项羽本纪》：“人言楚人沐猴而冠耳。”讽刺项羽不能成帝业。颜师古在《汉书注》中解释说：“言虽著人衣冠，其收不类人也。”就是说，猴子戴上了人的帽子，却并不是人。讽刺那些依附权势、窃踞名位的人。

“教猱升木”，语本《诗经·小雅·角弓》，猱，即古书上说的一种猴子，性善

可爱的猴子

在许多成语中，猴子被赋予贬义

登木，不用教而能，此成语即比喻引导坏人去做坏事。

“猢狲入布袋”，语本《景德传灯录》，有和尚问年代寂禅师：“怎样使学生专心学习？”禅师回答说：“猢狲入布袋。”宋代文学家欧阳修记述道，诗人梅尧臣奉命编修《唐书》时对他的妻子说：“吾之修书，可谓猢狲入布袋矣。”比喻山野之性受到约束。

此外，在其他的一些成语中，猴子也是被作为嘲弄或讽刺的对象。“尖嘴猴腮”，形容人的脸像猴子一样丑陋，亦喻指其人没有福运。“树倒猢狲散”，指大树倒了，树上的猴子就随之而散。比喻大人物倒台了，依附者就失去靠山而散伙。总之，成语中猴子的形象不是那么光彩，但在人们的心目中，猴子其实是一种很可爱的小动物。

（十）鸡

鸡与犬是古时候农家普遍饲养的动

健硕威猛的公鸡

人们常说“一人得道，鸡犬升天”，含有讽刺意味

物，在成语中，两者同时出现的频率也较高。如“鸡犬桑麻”，完全是一副旧时农家乐的生平景象，而“鸡犬不留”则形容军队过后斩尽杀绝的残忍举动，但有时也用作复仇之语。

“一人得道，鸡犬升天”，语本汉淮南－王刘安举家升天的传说。汉王充《论衡·道虚》：“儒书言：淮南王学道，招会天下有道之人，倾一国之尊，下道术之士，是以道术之士并会淮南，奇方异术，莫不争出。王遂得道，举家升天，畜产皆仙，犬吠於天上，鸡鸣於云中。”后用以比喻一人得势，与其有关者亦皆随之发迹，多含讽刺意味。

“鸡飞狗跳”，又作“鸡飞狗叫”，形容惊慌失措，一片忙乱的景象。这是从旧时农家生活提炼出的成语。使用时要注意这一成语的感情色彩，它也多用于贬义。

“鸡鸣狗吠”，与上一句成语看似大致相同，但取义却大不一样。此语语本《孟子·公孙丑上》：“鸡鸣狗吠相闻，而达乎四境，而齐有其民矣。”形容百姓安居乐业，与《老子》之语近似。然而后人也以此语形容战乱或变乱，就与原意完全相反了，如宋代曾巩（移沧州过阙上殿札子》云：“无鸡鸣犬吠之惊，以迄于今。”今

十二生肖浮雕鸡

天若用或见到此语，当注意联系语境进行理解，千万不要断章取义。

“鸡鸣狗盗”，语本《史记·孟尝君列传》。一次，孟尝君到秦国，被秦昭王监禁，无法脱身。孟尝君派人恳求昭王的宠姬，宠姬想得到孟尝君的一件狐白裘，但这件价值连城的狐白裘已在进入秦国时送给了秦昭王。于是为了解决这一难题，孟尝君手下的一位能为“狗盗”者就到秦宫中偷出了这件狐白裘，献给了秦王的宠姬。秦王听从了宠姬的话，释放了孟尝君，但不一会儿又后悔了，就派人去追。这时孟尝君已到了函谷关，正直半夜，他的手下有一位能学鸡叫的门客，就作鸡鸣，使周围鸡声一片，函谷关鸡鸣出客，孟尝君终于逃出了秦国。若没有这二位“鸡鸣狗盗”之徒，孟尝君一行就难以逃出秦王的魔掌，微末之技起到了关键作用。然而后人用此成语则形容有卑微技能者，并含有贬义；有时也形容人的行为低下卑劣，这样就迥异于原故事的意思。

鸡与其他动物也可以搭配为语，如“鹤立鸡群”，《艺文类聚》卷九十引晋戴逵《竹林七贤论》：“嵇绍入洛，或谓王戎

生肖鸡木雕摆件

剪纸十二生肖鸡

曰：‘昨於稠人中始见嵇绍，昂昂然若野鹤之在鸡群。’”后以“鹤立鸡群”比喻人的才能或仪表卓然出众。“鸡鹜争食”，鸡与鸭争夺食物，常比喻小人之间争权夺利。“鸡蟲得失”，唐杜甫《缚鸡行》：“小奴缚鸡向市卖，鸡被缚急相喧争。“家

雄鸡

中厌鸡吓猴”“杀鸡焉用牛刀”“鼠肚鸡肠”“小肚鸡肠”等成语，人们也经常在日常生活中使用，意义也是很明显的。

此外，“闻鸡起舞”表示激励人们奋发进取的意思。此成语语本《晋书·祖逖传》：“（祖逖）与司空刘琨俱为司州主簿，情好绸缪，共被同寝。中夜闻荒鸡鸣，蹴琨觉曰：‘此非恶声也。’因起舞。”

后人常以此成语指胸怀大志、及时奋发的豪壮气概。其实，我们无论做什么事情都要有这种闻鸡起舞的精神，才能有一番作为。

剪纸狗

（十一）狗

从上面的描述中可以看到，犬与鸡经常联用。还有一句不常用的成语“陶犬瓦鸡”，语本南朝梁元帝《金楼子·立言上》：“夫陶犬无守业之警，瓦鸡无司晨之益。”比喻徒具形式而没有实际用途之物。

有关狗的成语也是含有贬义的居多。如“鼠窜狗盗”，像鼠狗那样奔窜偷盗。“狐朋狗友”，显然指一些不三不四的朋友。“声色狗马”，即歌舞、女色、玩狗、跑马。泛指旧时统治阶级的淫乐方式。宋代李清照《金石录后序》云：“于是几案罗列，枕席枕藉，意会心谋，目往神授，乐在声色狗马之上。”“泥猪疥狗”，比喻卑贱或粗鄙的人。“鸡肠狗肚”，比喻狭窄的度量，狠毒的心肠。“蝇营狗苟”，语本唐代韩愈《送穷文》：“朝悔其行，暮已复然，蝇营狗苟，驱去复还。”比喻像苍蝇一样到处钻营，如狗一样苟且求活。

狗是忠诚的化身

常用来形容那些不择手段、不顾廉耻追求名利的人。

狗虽然一心事主，有忠诚的美名，但成语却有很多不取其“义犬”的形象，如“狗仗人势”“鼠窃狗偷”“行同狗彘”“狗血喷头”“狗彘不若”等等，狗所充当的角色都不太光彩。

“犬马之养”，语本《论语·为政》：“今之孝者，是谓能养。至于犬马，皆能有养；不敬，何以别乎？”后人常以“犬马之养”为供养父母的谦辞，今天也不大使用了。

“狗吠非主”，狗见到外人便吠叫。亦以喻臣奴事奉其主而拒事非其主者。语出《战国策》：“跖之狗吠尧，非贵跖而贱尧也，狗固吠非其主也。”

“桀犬吠尧”，语本汉代邹阳《狱中上书自明》，桀是传说中夏朝的暴君，尧是传说中远古时代的圣贤之君；桀的狗向尧乱叫，是各为其主的意思，但也比喻坏人的走狗攻击好人或一心为主子效劳。

“傫如丧狗”，形容人失意而精神颓丧。语本《史记·孔子世家》：“孔子适郑，与弟子相失，孔子独立郭东门……累累若丧家之狗。”裴骃集解引王肃曰：“丧家之狗，主人哀荒，不见饮食，故累然而不得意。孔子生於乱世，道不得行，故累累

十二生肖浮雕狗

然不得志之貌也。”该成语的原意是办丧事的人家的狗，“丧”，比喻沦落不遇的人。后人读“丧”为去声，以为无家可归之狗，无处投奔而惊慌失措。

“狗尾续貂”，亦作“狗尾貂续”。第一种意思是古代近侍官员以貂尾为冠

剪纸十二生肖狗

饰，任官太滥，貂尾不足，用狗尾代替。后以“狗尾续貂”讽刺封爵太滥。《晋书·赵王伦传》：“奴卒厮役亦加以爵位。每朝会，貂蝉盈坐，时人为之谚曰：‘貂不足，狗尾续。’”第二种意思是比喻以坏续好，前后不相称。多指文学艺术作品。宋周必大《杨廷秀送牛尾狸侑以长句次韵》：“公诗如貂不烦削，我续狗尾句空著。”

“狗急跳墙”，比喻走投无路时不顾后果地行动。语出《敦煌变文集》：“人急烧香，狗急蓦墙。”

“狗彘不若”，犹言猪狗不如。形容品行极端卑劣。语出《荀子·荣辱》：“乳

剪纸生肖狗

皛不触虎，乳狗不远游，不忘其亲也。人也，下忘其身，内忘其亲，上忘其君，则是人也，而曾狗皛之不若也。”

“鸡鸣狗吠”，有两个意思，一是形容百姓安居乐业。语出《孟子·公孙丑上》：“鸡鸣狗吠相闻，而达乎四境，而齐有其民矣。”焦循正义：“此必时俗语。故《老子》亦云：‘乐其俗，安其居，邻里相望，鸡犬之声相闻。’”二是形容战乱。

此外，汉语中有关狗的成语还有很多，如“鸡飞狗叫”、“白衣苍狗”、“飞鹰走狗”、“狗行狼心”等等，如果运用得恰当，会给文章增添不少色彩。

剪纸十二生肖猪

（十二）猪

在我们的语言里，许多时候都用猪表示低下、笨拙的含义。文言文中也是如此。

涉及猪的成语，一般“猪”字并不出现，而以“彘”或“豕”替代。猪性莽撞，所以用“狼奔豕突”来形容莽撞蛮干的人。受人之恩而不懂回报的人，称为“豕交兽畜”。“鲁鱼豕亥”，指书籍在传写与刊印过程中的误写或错读。《吕氏春秋·察传》：“有读史记者曰：‘晋师三豕涉河。’子夏曰：‘非也，是己亥也。夫己与三相近，豕与亥相似。’”又晋代葛洪《抱朴子·遐览》云：“谚曰：‘书三写，鱼成鲁，虚成虎。’”《意林》卷四引此谚语作“书三写，鱼成鲁，帝成虎”，帝、虎草书近似，故云。因而“鲁鱼豕亥”也可以写做“鲁鱼帝虎”，意义是完全相同的。

“封豕长蛇”，用来比喻贪暴者。语本《左传·定公四年》：“吴为封豕长蛇，以荐食上国，虐始于楚。”杜预注云：“言吴贪害如蛇豕。”

人们常用“抱一颗猪头，还怕找不到庙门”，比喻有本事不愁无处施展。与此语有联系的另一句谚语则是“庙里猪头，有主”，指某物已有归属。古人祭祀孔子献胙肉（礼毕祭祀者分食），胙肉是冷的，所以旧时常用“吃冷猪肉”一语讽刺那些可以享受到冷猪肉的道学先生们。而道学先生们往往又是口上一套，干的又是一套，《老残游记》第十三回：“其实我也不是想吃冷猪肉的人，作什么伪呢！”此外，猪个大肉肥美，是老虎最喜之物，用“向虎借猪”表示不可能之事。

“十个猪爪，九个往里弯”，比喻做事总向着自己的人，惟妙惟肖。“十年的野猪，老虎的食”，比喻最终要为强者占有的人或物，调侃中不乏生动之趣。猪养尊处优，一旦肥壮就被宰杀。所以有时名声远扬常给人带来烦恼，这就是

十二生肖浮雕猪

苗族习俗——斗猪

“人怕出名猪怕壮”。“过年的猪，早晚得杀”，比喻人要遭殃是迟早的事情，体现了人生的悲剧。“臭猪头，自有烂鼻子闻”，该语突出了坏人之间的臭味相投，也是成语“人以群分，物以类聚”的形象阐释。

有关猪的成语还有很多，如果运用恰当的话，就可以使语言生动，为文章增加不少色彩。

五　生肖与人生

剪纸十二生肖鼠

（一）生肖命理

由于人们对十二生肖非常崇信，尤其是在远古时期，人们无法主宰自己命运，所以往往就根据以往的经验对某一生肖年的运气进行一番解释与概括，这些概括常常有互相矛盾的情况出现。

鼠年：其年财利正旺，年初即会逢喜事，年末有余粮；财源广进；要注意立夏前后时期，当年七月份以后要注意意外的发生，无事应多进佛门求佛保佑，忌赌博。

牛年：其年天福星高悬，诸事皆吉，福德之神临命。虽有阴人小口舌，过时即

十二生肖浮雕马

安。何须自叹有纷争，岁末多向西北求福。可以来年守安宁，适时可投资大生意，但应多了解信息，稳重办事。

虎年：其年多有波澜起伏，经营筹谋，远走他乡，劳苦奔波，虽有旺盛财禄却辛苦。宜以静制动、以逸待劳；可投资生意、多方发展。

兔年：小病常有，浮沉不定。其年多复，流离颠沛，精神弥爽；岁末事喜有小财、不枉一年辛苦。虽有不利，应安分守己为好，忌赌博。

龙年：本命相搏，高下起伏，其年有机会深造，学艺聪敏，事半功倍。年中有阻，须多加小心；本命相冲，忿气伤神，最宜注意。多见喜庆事可以与之相冲。

蛇年：太阳星高照，凡事任君行。但时有晦气透出，男有意外伤亡或血光之灾，宜多人同路，多加小心。注意保养身体，增强体质，多进佛门求菩萨保佑。

马年：诸事不顺，有挫折，灾祸重起。年末稍缓，但不可大意。月初拜观音，祈福免灾，方可全年平安。时有倒霉之日，切忌眼红别人发财，应沉住气，待时机好转再集中精力干一番大的事业。

羊年：其年有喜有忧，喜本年有外财，忧伤身退财，小心亲朋四邻中有小人挑拨

十二生肖浮雕羊

离间，致使你良莠不分，鲁莽行事。今年处理问题须冷静，是非分明才可保平安，求财应格外小心。

猴年：其年大孝发动，然而有天星在侧，苦乐参半。年初宜早定全年大事，年中宜静守，年末稳中求财，可有意外财喜，忌贪婪，勿躁进。平时见机行事，多结交贵人，定保平安。

鸡年：其年诸事顺利，满门吉庆，同德照临；但时有小病，破小财；如心平气和，当万事如意。应抓住机会大干一场，事业可向外发展，平时多行善积德，定可平安发财。

狗年：其年口舌是非难免，凡谋欠利，勿要强取豪夺，定可太太平平度光阴。争取财源广进，但忌不择手段或邪门歪道。

猪年：其年紫微星同挂，一帆风顺，万事如意。岁初有天狼窥视，需多加小心。

（二）生肖婚配

以人的出生之年定所属动物，这是中国人一个很独特的记人出生时辰的方法。所以，在民间就产生了一种属相与人的品性、才能和命运三者间的沟通。即属什么动物的人身上也有那种动物的特性，就好像西方人所信奉的星座，个人的生肖所属

十二生肖浮雕虎

十二生肖浮雕龙

成了自己的本命之神。

在我国民间，男婚女嫁与生肖的关系可以说是非常密切。古代，根据阴阳学说，术士们将五行相克之道与生肖属相联系起来，就演变为生肖属相之间的相生相克之说。中国古代将五行金、木、水、火、土这五种物质神秘化，形而上学地套用在人的生肖属相相生相克之道上，可以说使其蒙上了迷信色彩。在生肖方面，因为十二地支分别应属于五行，即寅、卯属木；巳、午属火；辰、未、戌、丑属土；申、酉属金；亥、子属水，所以与之相配的动物属相也就有了五行之属，即虎、兔属木；蛇、马属火；龙、羊、狗、牛属土；猴、鸡属金；猪、鼠属水。又因为五行金木水火土之间有相生相克的关系，所以生肖之间也有了相生相克的关系。根据这些就推演出了十二生肖在婚姻上的禁忌关系，即所谓的“犯大相”。这种观念被运用到了许多正式的场合，像结婚这种人生大事，属相是否相配，生肖是否相克，更是必不可少的标准了。在中国民间，传统观念男女定亲必须先“合八字”，要“避六冲”。在民俗中，择偶标准能否成功，婚姻是否幸福，还

十二生肖浮雕猴

有一整套关于生辰八字的属相方面的讲究。今天看来让人难以理解，但是作为生肖文化之趣，下面罗列几则这方面的内容。

民间流传的所谓属相相合者是：

子与丑合——鼠与牛相合；寅与亥合——虎与猪相合；巳与申合——蛇与猴相合；卯与戌合——兔与狗相合；辰与酉合——龙与鸡相合；午与未合——马与羊相合。

属相不合者在男女婚配问题上有生肖相克的说法，如谓“羊落虎口”“狗撵鸡”“龙抓兔”等，所谓生肖属相的

十二生肖工艺品

相生相克，源于五行相克之道。五行，即金、木、水、火、土五种物质。五行的相生规律为木生火、火生土、土生金、金生水、水生木、木又生火……其相克规律为：木克土、土克水、水克火、火克金、金克木、木又克土……以此相生相克，往复无穷。因此，就有以下民谚：“白马怕青牛，羊鼠一旦休。蛇虎如刀错，兔龙泪交流。金鸡怕玉犬，猪猴不到头。”

在属相方面，由于十二地支属五行，所以属相之间也就有了相生相克的关系，这种关系不仅适用于男女婚配，而且还适用于各种人际关系，使其蒙上了一种神秘

十二生肖剪纸图

虎形象工艺品

色彩。比如，民间对男女婚配“犯六冲”是极为忌讳的。

（三）生肖取名

利用十二属相给刚出生的孩子取名，是中国文化的一种形态。十二属相性格不同，姿态各异，这里论述一下人们怎样按照属相进行取名的。

肖鼠年生人，在人们心目中，鼠的威信可以说是扫地，不是一个非常好的属相，但是它机智、灵活、聪敏，给人带来了许多乐趣。按照五行说法，属鼠人取名原则有：取名有“八”或“宀”字（或部首内包含），则环境良好，名利双收；有“米”字、“豆”字，则福寿兴家，子孙鼎盛；有“艹”字、“金”字、“玉”字，精明公正，操守廉正；有“亻”字、“木”字、“月”字，贵人明现，克己助人；有“田”字，快乐待人，一生清闲；有“山”字，孤独，六亲无缘；有“忄”字，多不顺或作风果断；有“石”字，不利健康；有“皮”字、“氵”字、“马”字、“酉”字、“火”字、“车”字，忌车怕水或易犯法。

肖牛年生人，牛被人们认为是具有良好品德的一种属相，在它身上集中了诚实、质朴、任劳任怨的特性，按五行说法，属牛人取名原则有：取名宜有“氵”字，清爽享福，上下敦睦；有“月”字，孤劳不顺；有“火”字，不利健康或忌车怕水；有“石”字、“山”字，易孤独，不利家庭，晚婚迟得子大吉；有“血”字、“糸”字、“刀”字、“力”字、“儿”字，多不顺，忌车怕水；有“田”字、“车”字、“马”字，劳苦一生；有“亻”字、“木”字，义利分明，操守廉正。

肖虎年生人，虎在人们心目中是勇猛、强壮、威风的象征，但是美中不足它带有一些傲气，因此，按五行说法，属虎任的取名原则的：取名宜有“山”字，雄霸山林，智勇双全，福寿兴家；有“玉”字，英俊才人，多才巧智；有“月”字、“犭”字、“马”字，义利分明，操守廉正，克己助人；有“金”字、“木”字、“氵”字，温和贤淑，名利双收，环境良好；有“日”字、“火”字，性刚果断，幼年不顺或忧心劳神；有“田”字、“口”字、“儿”字，不利家庭，晚婚迟得子大吉；有“糸”字、“石”字、“刀”字、“力”字、“弓”字、“父”字，多不顺，忌车怕水或不利健康。

肖兔年生人，兔是柔顺、聪慧、善良和活泼的象征，因此根据五行说法，属兔人取名原则是：取名宜有“月”字，清秀多才，温和廉正，安富尊荣；有“亻”字、

鸡形工艺品

圆明园牛兽首

“禾”字、“木”字，贵人明现，精诚公正；有“入”字、“宀”字，重义信用，环境良好；有“犭”字，良善积德，子孙兴旺；有“金”字、“白”字、“玉”字，勤俭励业，成功隆昌，富贵增荣；有“马”字、“酉”字，多不顺，不利健康；有“石”字、“力”字、“刀”字，不利家庭，晚婚迟得子大吉；兔怕水，有“川”字更凶，忌车怕水。

肖龙年生人，龙是十二生肖中地位最尊贵、最有能力的动物，它代表着权力和地位，因此根据五行说法，属龙人的取名原则是：取名宜有“氵”字，大吉，有冲天之势，成功隆昌，富贵增荣，一生享福禄；有“金”字、“玉”字、“白”字、“赤”字，精明公正，学识渊博，福寿兴家；有“月”字，温和贤淑，克己助人，良善积德，子孙鼎盛；有“土”字、“田”字、“禾”字、“衣”字，多不顺，不利家庭，晚婚迟得子大吉；有“力”字、“刀”字，不利家庭；有“糸”字、“犭”字，奔波劳苦；有“火”字，无自立之地，忌车怕水，不利健康。

肖蛇年生人，蛇这种动物喜欢草丛，因此根据五行说法，属蛇人的取名原则是：取名就宜有“艹”字，大吉，一生享福禄，富贵增荣；有“虫”字、“鱼”字，智勇双全，精诚温和；有“木”字、“禾”字、“田”字、“山”字，重义信用，学识渊博，成功隆昌，名利永在；有“月”字、“土”字，操守廉正，一门鼎盛；有“忄”字，性刚或忧心劳神；有“石”字、“刀”字、“弓”字，不利家庭，晚婚迟得子大吉，忌车怕水；有“火”字、“亻”字、“糸”字，不利健康。

肖马年生人，马代表着勇于拼搏、前途远大、心胸开阔，而且马喜欢吃草，因此根据五行说法，属马人的取名原则是：取名宜有“艹”字、“金”字，学识渊博，安尊荣，享福终世；有“玉”字、“木”

十二生肖牛

字、“禾”字，贵人明现，多才巧智，成功隆昌；有“虫”字、“豆”字、“米”字，福禄双收，名利永在；有“土”字，义利分明，温和观淑，克己助人，重义信用；有“亻”字、“月”字，英俊才人，智勇双全；有“田”字、“火”字、“氵”字，忧心劳神或性刚；有“车”字、“石”字、“力”字、“马”字，不利家庭，婚迟得子大吉，或不利健康。

肖羊年生人，与兔子一样，羊在人们心目中也代表了平和、善良、温顺，草是羊的命根子，天下没有不吃禾苗的羊，因此根据五行说法，属羊人的取名原则是：取名宜有“金”字、“白”字、“艹”字，学识渊博，操守廉正，重义信用，富贵增荣；有“月”字、“田”字、“豆”字、“米”字，勤俭建业，名利双收，安享清福；有“马”字、“亻”字、“鱼”字，英俊才人，多才巧智，温和贤淑，克己助人；有“车”字、“氵”字、“日”字、“火”字，不利家庭或健康，忌车怕水；有“忄”字、“犭”字，忧心劳神或不利家庭。

肖猴年生人，属猴人似乎身上都带有一种创造力，而且活泼好动，许多人都非常健谈。猴子喜欢在树上跳来跳去，寻找食物，所以根据五行说法，属猴人的取名原则是：取名宜有“木”字、“禾”字，

龙形工艺品

清贵享福，成功发达；有“金”字、“玉”字、“豆”字、“米”字，英俊佳人，多才贤淑，福禄双收；有“山”字，安富尊荣，福寿兴家；有“田”字、“山”字、“月”字，操守廉正，名利双收，一门鼎盛；有“氵”字、“亻”字，上下和睦，智勇双全；有“火”字、“石”字，性刚果断或不利家庭；有“口”字、“人”字、“冖”字，忌车怕水，不利家庭；有“糸”字、“皮”字、“犭”字，多不顺，不利健康。

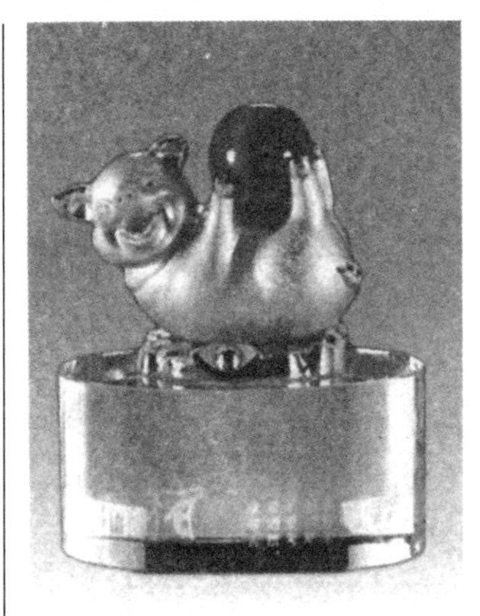
猪形工艺品

肖鸡年生人，鸡给人以守时、好客、热情的印象，鸡喜欢吃豆子或米，因此根据五行说法，属鸡人的取名原则是：取名宜有“米”字、“豆”字、“虫”字，福寿兴家，富贵清吉；有“木”字、“禾”字、“玉”字、“田”字，福禄双收，名利永在；有“山”字、“艹”字、“日”字、“金”字，智勇双全，清雅荣贵；有“月”字、“人”字、“冖”字，多才巧智，环境良好；有“刀”字、“力”字、“日”字、“酉”字、“血”字、“弓”字、“糸”字、“车”字、“马”字等，幼年不顺或性刚果断，不利健康或忌车怕水。

肖狗年生人，狗与人类关系密切，是一种忠诚的动物，根据五行说法，属狗人的取名原则是：取名宜有“鱼”字、“豆”字、“米”字，食禄美满，闲享福，名利

猪在人们心中是踏实、可爱、真诚、执着的象征

永在；有“人”字、“冖”字、“马”字，安祥快乐，温和鼎盛；有“氵”字，贵人明现，乐天；有“亻”字，操守廉正，义利分明；有“金”字、“玉”字、“田”字、“木”字，精明公正，克己助人，智勇双全；有“火”字，性刚果断；有“石”字、“糸”字、“山”字、“日”字，不利家庭，晚婚或迟得子大吉，或不利健康；有“酉”字、“刀”字、“言”字，多不顺，不利健康或忌车怕水。

肖猪年生人，猪在人们心中是踏实、可爱、真诚、执著的象征，虽然有时给人以好吃懒做的印象。根据五行说法，属猪人的取名原则是：取名宜有“豆”字、“米”字、“鱼”字，福禄双收，名利永在，富贵清吉；有“氵”字、“金”字、“玉”字，智勇双全，精明公正，克己助人，温和贤淑；有“亻”字、“山”字、“土”字、“艹”字，英俊才人，重义信用；有“月”字、“木”字、“禾”字，子孙兴旺，环境良好；有“糸”字、“刀”字、“力”字、“血”字、“弓”字、“儿”字、“父”字等，不利健康或忌车怕水，不利家庭。

需要注意的是，以上关于生肖“命理”、“婚配”、“取名”的种种说法，其实并无科学根据。有的作为习俗被人乐道，有的则是纯粹迷信，是宿命观的表达。